Léonce de Lavergne

Pitt et les finances
de l'Angleterre

Essai

Le code de la propriété intellectuelle du 1er juillet 1992 interdit en effet expressément la photocopie à usage collectif sans autorisation des ayants droit. Or, cette pratique s'est généralisée dans les établissements d'enseignement supérieur, provoquant une baisse brutale des achats de livres et de revues, au point que la possibilité même pour les auteurs de créer des œuvres nouvelles et de les faire éditer correctement est aujourd'hui menacée. En application de la loi du 11 mars 1957, il est interdit de reproduire intégralement ou partiellement le présent ouvrage, sur quelque support que ce soir, sans autorisation de l'Éditeur ou du Centre Français d'Exploitation du Droit de Copie , 20, rue Grands Augustins, 75006 Paris.

ISBN : 978-1546548553

10 9 8 7 6 5 4 3 2 1

Léonce de Lavergne

Pitt et les finances de l'Angleterre

Essai

Table de Matières

Introduction

Pitt, dont le nom rappelle en France les souvenirs d'une grande lutte, a été avant tout pour son pays ce qu'est sir Robert Peel de nos jours, un ministre des finances. L'état des finances est en effet le premier des intérêts pour toute nation bien constituée. Cette vérité doit être principalement la règle des pays libres. Une longue expérience l'a apprise aux Anglais, et, dans l'édifice constitutionnel de leur gouvernement les intérêts financiers occupent le premier rang. Pitt, dont les études avaient été dirigées de bonne heure de ce côté, joignait à la qualité de premier lord de la trésorerie celle de chancelier de l'échiquier. Quand il prit, en 1783, les rênes du gouvernement, les finances anglaises étaient dans l'état le plus déplorable. Dans la période de neuf années qui s'écoula de 1784 à 1792, il parvint, par la vigueur et la sagesse de son administration, à créer tous les moyens de revenu et de crédit public dont il a fait plus tard un si formidable usage. Aujourd'hui encore, c'est comme financier, que les Anglais l'admirent le plus, et leur admiration se porte surtout avec raison sur ces premières années où il assit les fondements de l'édifice qu'il a élevé si haut.

Cette supériorité particulière de Pitt ne s'explique pas seulement par la force de son esprit et par l'énergie de sa volonté. Ce qu'il a appliqué pour la première fois, il ne l'a pas imaginé. Les finances de tous les états de l'Europe, sans en excepter, à certains égards, celles de l'Angleterre, étaient encore, à la fin du dernier siècle, dans le chaos du moyen-âge ; mais l'esprit d'examen, qui avait pris un si grand essor pendant ce siècle, s'était exercé sur les sources de la richesse, des nations comme sur les autres branches des connaissances humaines. Une science nouvelle venait de naître. Les économistes français avaient donné le signal ; après eux était venu Adam Smith, dont le grand ouvrage publié en 1776, commença une révolution qui n'est pas encore finie. D'innombrables écrits, aujourd'hui oubliés, paraissaient dans toutes les langues, et portaient la lumière sur les questions les plus obscures de l'ordre financier. Le mérite de Pitt fut de s'approprier ce qu'il y avait de vrai dans les théories qui avaient cours de son temps et d'oser les mettre en pratique. Il n'en eut pas moins de mérite, car en toute chose l'exécution est la grande difficulté. Cependant il trouva un appui

Léonce de Lavergne

solide dans l'opinion des hommes éclairés qui suivaient comme lui le mouvement des idées. Il eut aussi le bonheur de s'adresser l'intelligence d'une nation éminemment positive, qui le comprit vite et ne l'abandonna jamais. Il rencontra bien des difficultés qu'il ne put vaincre au premier effort, il se trompa bien des fois ; mais son pays lui resta fidèle, même dans ses erreurs, et ce n'est qu'ainsi qu'il put venir à bout de son œuvre. Les hommes les plus éminents ne peuvent rien que quand ils sont secondés.

Section I

Les dépenses publiques de l'Angleterre (*national expenditure*) se divisainet, en 1783 comme aujourd'hui, en six branches principales : 1° la dette fondée ; 2° la dette flottante ; 3° la liste civile ; 40 la marine ; 5° l'armée ; 6° l'artillerie de terre et de mer et les fortifications, réunies sous le nom commun d'*ordnance*.

Alors comme aujourd'hui les dépenses représentées en France par les ministères des travaux publics, de l'agriculture du commerce, des cultes, de l'instruction publique, et la plus grande partie de celui de l'intérieur ; ne figuraient pas au budget de l'état. L'entretien des routes, les frais d'administration proprement dits, la taxe des pauvres, etc., étaient à la charge des paroisses ou répartis entre une foule d'établissements indépendants qui avaient leurs revenus distincts et leurs propriété particulières. L'église s'entretenait par des dîmes et d'autres produits, et ne recevait de l'état qu'un faible fonds de secours pour le bas clergé. L'enseignement était donné dans de riches universités qui se soutenaient par elles-mêmes. Dans ce pays de liberté spontanée, tout ce qui avait pu se constituer en dehors du gouvernement avait son existence propre. Il ne restait à la charge du trésor publique les dépenses générales proprement dites, c'est-à-dire celles qui rattachaient à la dette nationale, à la défense du pays et à la personne du souverain ; mais ces dépenses avaient été portées par la guerre d'Amérique à un chiffre énorme pour le temps et hors de proportion avec les ressources.

Les plus considérables de toutes étaient sans comparaison celles des deux dettes. L'Angleterre avait déjà, à cette époque, une dette fondée de 224 millions sterling ou environ 5 milliards et demi de fr. en capital et de 8 millions sterling ou 200 millions de francs en intérêts, et une dette flottante de 20 millions sterling ou 500 millions de francs en capital et d'un million sterling ou 25 millions de francs en intérêts. C'était donc en tout 6 milliards de francs de capital et 225 millions de francs d'intérêts annuels, c'est-à-dire plus que n'était 1er janvier 1848 et que ne serait encore aujourd'hui, sans la révolution de février, la dette publique de la France.[1] Cet énorme découvert, dont aucune autre nation de l'Europe n'aurait pu seulement alors concevoir la pensée, et qui s'est cependant démesurément accru depuis, sans nuire à la prospérité de la nation anglaise, n'avait guère commencé à se former qu'un siècle auparavant.

Jusqu'à la révolution de 1688, il n'y avait point, à proprement parler, de dette publique en Angleterre. Les rois contractaient, pour leurs besoins, des dettes personnelles, et si le parlement venait quelquefois à leur secours, ce n'était que par une grâce spéciale et qui n'engageait à rien pour l'avenir. Les dépenses de la guerre elles-mêmes étaient considérées dans ces temps comme personnelles au monarque. On raconte que le roi Richard II, ayant formé le projet d'envahir la France avec une armée, trouva l'échiquier trop pauvre pour subvenir aux frais de cette expédition ; il assembla les principaux marchands de Londres et des villes les plus riches pour leur proposer un emprunt ; ceux-ci refusèrent de rien prêter sans la garantie du parlement. Le parlement fut assemblé aussitôt ; quand il demanda quelle était la somme nécessaire, on lui répondit 60,000 livres (1,500,000 fr.) ; c'était pour cette faible somme que la garantie du roi d'Angleterre avait paru insuffisante. Les nobles répondirent qu'ils n'avaient pas d'argent, mais qu'ils serviraient de leurs personnes dans la guerre. De leur côté ; les marchands refusèrent d'accorder au roi ce qu'il demandait, à moins que la noblesse et le clergé ne lui accordassent aussi, un prêt considérable sans intérêt. Le roi eut alors recours aux marchands étrangers,

---

1 La dette publique de la France se composait au 1er janvier 1848, 1° de la dette consolidée, s'élevant en intérêts à 243 millions ; 2° de la dette flottante, s'élevant en intérêts à 29 millions. Ces chiffres s'accroissaient de l'emprunt des canaux, dont l'intérêt annuel est d'environ 6 millions ; mais ils devaient être diminués, pour établir la comparaison avec la dette anglaise de 1783, des 68 millions de rentes rachetées de l'amortissement, ce qui faisait ressortir à 210 millions la somme d'intérêts à payer réellement par an.

il proposa de leur donner en échange d'un emprunt le droit de trafiquer librement en Angleterre ; mais ce nouvel effort fut inutile comme le premier, et Richard fut contraint d'abandonner son projet, faute de 60,000 livres.

Sous les règnes suivants, le parlement se désista un peu de cette sévérité : il accorda à plusieurs rois des subsides additionnels pour garantir le paiement de leurs dettes ; mais ces secours n'étaient encore que momentanés et cessaient avec les circonstances qui les avaient fait naître. Les monarques anglais vécurent jusqu'à Guillaume III dans de perpétuels embarras d'argent, et la couronne finit par faire banqueroute d'environ 33 millions de fr. en 1672, seize ans seulement avant la révolution de 1688. Cette catastrophe qui ruina une foule de familles et arrêta pour quelque temps les progrès du commerce anglais ne contribua pas peu à déconsidérer les Stuarts. Vingt-cinq ans après, le parlement accorda aux créanciers dépossédés un dividende de 50 pour 100 ; ce compte, qui fut réglé à 664,000 liv. ster. (16 millions 600,000 fr.), est la seule partie de la dette publique anglaise qui remonte au-delà de 1688.

A partir de cette époque, ce n'est plus seulement de la couronne qu'il s'agit ; la nation elle-même entre en scène, tout prend subitement dans l'état des proportions énormes. Charles II n'avait pas pu payer, en 1672, 33 millions de francs. Vingt-cinq ans après en 1697, à la paix de Ryswick, la dette nationale s'élevait déjà à plus de 500 millions, et il n'était plus question de banqueroute. Cette révolution financière est un des traits les plus saillants de cette époque caractéristique à tant de titres. Elle ne peut être comparée qu'à celle qui s'est accomplie en France entre 1789 et 1830. Les revenus de la couronne s'élevaient en tout, sous les règnes de Charles II et Jacques II, à 4,200,000 livres sterling ou 30 millions de francs ; de 1688 à 1697, les dépenses publiques dépassèrent annuellement le triple de cette somme. L'Angleterre fit à Louis XIV une guerre d'argent il s'en fallait de beaucoup que les recettes publiques, quelque soin qu'on prît pour les accroître, fussent suffisantes pour alimenter ces frais excessifs ; on combla le déficit par des emprunts. La nation fit des efforts inouïs ; presque tous les grands établissements de crédit public qu'elle possède encore datent de cette époque. La banque d'Angleterre fut créée, la compagnie des Indes organisée ; d'autres puissantes compagnies se constituèrent. Enfin le système des dettes : fondées (*funcling system*) fut trouvé. Ce système, qui rend la dette de l'état indéfiniment irremboursable et qui la divise en titre de rente échangeables à volonté, devait rendre et rendit en effet les emprunts plus faciles. Tout un monde nouveau venait d'être découvert par l'adoption de cette simple pratique, et la puissance financière des états avait été décuplée.

Comme toutes les grandes choses, la dette fondée ne s'établit pas d'un seul coup telle que nous la voyons ; cette notion aujourd'hui si claire et si nette ne se dégagea que par gradation. On commença par emprunter sous condition d'amortissement par annuités ; l'état accordait à ses créanciers tant pour cent par an pendant un nombre déterminé d'années, jusqu'à entière extinction du capital et des intérêts. Plus tard, on offrit aux porteurs de titres de rendre les annuités perpétuelles à condition d'un versement additionnel de fonds. Ces sortes de rentes étaient considérées comme non rachetables ; pour les autres, l'engagement de rembourser existait toujours, mais les échéances s'éloignaient de plus en plus, et le remboursement cessait peu à peu d'être obligatoire pour devenir facultatif sous la reine Anne, la guerre avec la France recommença, et avec elle vinrent de nouveaux emprunts. Sous George Ier, on essaya de mettre un peu d'ordre dans cette confusion d'emprunts successifs, et on les réunit avec les taxes votées pour y pourvoir sous trois qualifications principales : le fonds agrégé, le fonds général, et le fonds de la mer. En même temps, on créa un quatrième fonds, formé de l'excédent des trois autres et qu'on appela le fonds d'amortissement (*sinking fund*). Celui-là était destiné à racheter annuellement une portion de la dette, mais il ne tarda pas à être détourné de sa destination par le ministre même qui l'avait créé, sir Robert Walpole, et il servit toujours depuis à acquitter des charges plus urgentes.

Les rentes perpétuelles étaient déjà si profondément entrées dans les habitudes du temps de Walpole, et l'impulsion donnée au crédit par la création de cette masse de titres échangeables avait été si forte, que la suppression de fait de tout amortissement agit peu sur le cours des effets publies. Il en fut de même des conversions successives qui eurent lieu pendant la première moitié du XVIIIe siècle. En 1717, l'intérêt de la dette nationale fut réduit de 6 à 5 pour cent ; en 1727, de 5 à 4 ; en 1750 ; de 4 à 3 et demi ; en 1755 et 1757, de 3 et demi à 3. Le crédit public survivait toujours à ces épreuves réitérées. Un riche capitaliste anglais dit un jour à lord Stanhope à propos de l'une de ces réductions : « Je suis satisfait de la mesure qui a été adoptée, attendu que, par la diminution des intérêts de la dette, je regarde le capital comme plus assuré que jamais. » Le mot était juste et vrai ; mais quelle différence entre l'état de richesse qu'une semblable parole suppose et ce qui s'était passé moins d'un siècle auparavant, lors de la banqueroute de Charles II ! Tels sont les prodiges qu'opère chez un peuple libre la puissance de l'esprit public. On devait abuser d'une pareille facilité ; on en abusa en effet. La dette fondée s'accrut sans mesure ; des dilapidations de tout genre contribuèrent à la grossir. En 1775, au commencement de la guerre d'Amérique, elle s'élevait à plus de 132 millions sterl. ; elle fut presque doublée pendant les huit ans que dura la guerre. Jamais rien de pareil ne s'était vu jusqu'alors dans le monde, et les autres nations regardaient sans le comprendre ce spectacle extraordinaire.

La dette flottante était née en même temps que la dette fondée. Avant 1688, la distinction n'était pas faite. Toute dette était un engagement du trésor royal avec échéance fixe. Quand la plus grande partie de la dette se consolida, une autre partie, destinée à satisfaire des besoins momentanés, resta provisoire. Les premiers bons de l'échiquier remontent à 1697 ; ce fut une refonte générale des monnaies qui les rendit nécessaires. Plus tard, toutes les administrations particulières, celle de l'armée, celle de la marine, celle de l'*ordnance*, émirent des bons du même genre pour couvrir le déficit accidentel de leurs caisses. Ces bons portèrent d'abord un intérêt de 8 pour cent, puis de 7, puis de 6, puis de 5 ; ce dernier taux était en vigueur en 1783 A l'échéance, les caisses étaient rarement en état de payer, et de nouveaux bons étaient émis pour remplacer les anciens, ce qui ne les empêchait pas de circuler à leur valeur nominale, comme circulaient en France les bons du trésor. La dette flottante avait suivi la même progression que la dette fondée. En 1701, elle était de 2 millions et demi sterling ; en 1727, de 4 millions ; en 1739, de 7 millions et demi ; en 1775, elle avait été réduite par la paix à 3 millions et demi, mais, pendant la guerre d'Amérique, elle était remontée à un chiffre qu'il était à peu près impossible, en 1783, d'évaluer avec certitude, tant était grand le désordre général, mais que des consolidations ultérieures permettent de porter, comme on l'a dit plus- haut à 20 millions sterling ou 500 millions de francs.

Quelle que fût la puissance du crédit public, l'Angleterre commençait à s'alarmer sérieusement d'une telle accumulation de charges. Cette dette de 6 milliards de francs, dont 500 millions en bons à courte échéance, n'était pas d'ailleurs le seul legs que la malheureuse administration de lord North eût laissé à l'avenir. Il était dû en outre à la banque 2 millions sterling (50 millions de francs) qu'elle avait prêtés à l'état en 1781 pour obtenir le renouvellement de son privilège, et qui devaient être rendus en 1781. Le déficit non encore réglé des caisses publiques s'élevait approximativement à la même somme. Les habitants des colonies américaines qui avaient embrassé dans la guerre la cause de leur métropole, et qu'on désignait sous le nom de *loyalistes*, avaient été dépouillés de leurs biens et réclamaient des indemnités. La nécessité de payer un jour ou l'autre, aux frais de la nation, les dettes du prince de Galles devenait de plus en plus pressante. Enfin, il ne paraissait pas possible d'espérer une réduction notable dans les dépenses. La liste civile avait été fixée pour toute la durée du règne à 1,200,000 livres sterling (30 millions de francs), et cette somme ne paraît pas trop élevée quand on songe que, sous le nom de liste civile (*civil list*) par opposition aux services militaires, on comprenait non-seulement les dépenses personnelles du roi et de sa famille, mais celles des, services publics qui étaient généralement considérés comme des émanations directes de la personne royale, c'est-à-dire ce qui forme en France les ministères de la justice et des affaires étrangères. Restaient les armements de terre et de mer et les fortifications ; l'armée de terre n'exigeait pas moins de 4 millions sterling par an (100 millions de fr.). La marine absorbait plus de 3 millions sterling (75 millions de fr.), l'*ordnance* (artillerie et fortifications) et les services divers (*miscellaneous*) près de 1 million sterling. (25 millions de francs).

Le revenu public, tel qu'il était constitué en 1784, était loin de faire face à ces dépenses nécessaires. Les recettes publique (*national income*) se divisaient en six grandes branches : 1° les douanes (*customs*), 2° l'excise, 3° le timbre (*stamp*), 4° l'impôt sur les terres (*land tax*), 5° l'impôt sur la drèche (*malt tax*), 6° les taxes additionnelles ; mais il n'y avait pas eu d'unité dans l'origine de ces différents impôts, et il n'y avait aucune règle d'ensemble dans la perception et la distribution de leurs produits.

Le principal de tous, celui, des douanes, qui donne encore au trésor public anglais la plus grande partie de ses revenus, datait en quelque sorte des commencements de la monarchie. Il ne paraît pourtant pas qu'il ait été dressé de recueil de tarifs avant le règne de Marie, le droit grossièrement perçu alors sur les importations a été estimé à 3 pence par livre de la valeur. Des actes de Charles II et de Jacques II avaient commencé à régulariser l'établissement des douanes, mais ce n'était toujours que sous le règne de Guillaume III que cet impôt avait pris son assiette définitive. Son accoisement avait été en quelque sorte parallèle à celui de la dette ; toutes les fois qu'un nouvel emprunt avait été négocié on avait établi un droit nouveau ou élevé les tarifs pour donner des garanties aux créanciers de l'état. Par la suite des temps, ces additions étaient devenues si nombreuses et si compliquées, que certains articles étaient assujettis à quatorze droits différents ; chacun de ces droits devait être calculé à part par les officiers des douanes, ce qui donnait lieu à des opérations embrouillées, d'une lenteur infinie, et qui prêtaient singulièrement à l'erreur ou à la fraude par la multiplicité de leurs détails.

Ce n'était pas tout : la contrebande était arrivée, à la faveur des désordres de la guerre, à un degré d'organisation qui mena ait de tarir les sources mêmes du revenu public. On évaluait à quatre millions le nombre des personnes engagées sur terre et sur mer dans ce commerce illicite, qui occupait des capitaux considérables et donnait d'immenses profits. De forts bâtiments de commerce déchargeaient en pleine mer leurs marchandises sur des barques à charbon qui les transportaient le long de la côte ; des hommes armés protégeaient le débarquement et accompagnaient les convois jusque chez les marchands de l'intérieur. Les fermiers voisins de la mer avaient changé d'état, et, au lieu d'employer leurs chevaux à travailler le sol, s'en servaient avec avantage pour ces transports. La contagion avait gagné jusqu'aux fabricants ; métiers et enclumes étaient abandonnés. L'industrie et l'agriculture de quelques comtés étaient menacées de ruine La sécurité publique elle-même en souffrait. Toute cette population, habituée à vivre du mépris des lois, avait contracté des mœurs violentes et presque sauvages. Les personnes et les propriétés des magistrats qui essayaient de mettre obstacle à ces pratiques illégales étaient exposées à toute sorte d'injures. Pendant la guerre, ces contrebandiers embauchaient des matelots sur les vaisseaux de l'état, entretenaient des intelligences avec l'ennemi, et répandaient la terreur dans tout le pays.[1] Par suite de ces désordres ; les douanes ne rapportaient en 1783 que 5 millions sterling (125 millions de fr.) ou tout au plus le quart de ce qu'elles donnent aujourd'hui.

Des causes différentes, mais non moins actives, atténuaient les produits de l'excise et du timbre. On entend par excise en Angleterre l'ensemble des impôts de consommation connus en France sous le nom de contributions indirectes. Ce genre d'impôts est né en Hollande comme la plupart des moyens financiers usités de nos jours ; il a été importé en Angleterre par le long parlement sous le protectorat de Cromwell. Il n'avait d'abord été établi que pour la durée de la guerre, et ne pesait que sur la bière, l'ale et le cidre : il fut peu à peu étendu au plus grand nombre des objets de consommation ; mais la résistance populaire avait mis de grands obstacles à son accroissement. Les formes de perception de l'excise révoltaient les habitudes d'indépendance de la nation ; l'obligation pour tout marchand ou fabricant de prendre des licences, de faire à tout moment des déclarations, de subir des visites, de comparaître devant un tribunal arbitraire, de rendre compte au fisc des opérations de son commerce, paraissait à beaucoup d'Anglais contraire aux principes de la constitution. Il n'avait fallu rien moins que la main puissante de Cromwell pour faire adopter de pareilles règles ; la nécessité les avait maintenues, mais le commerce anglais aspirait toujours à s'en affranchir. Des efforts tentés à plusieurs reprises pour agrandir le domaine de l'excise avaient échoué. A la mort de Guillaume III, l'excise ne rapportait pas encore tout-à-fait 1 million sterling ; en 1783, ce revenu s'élevait tout au plus à 4 millions sterling.

Le timbre ou *stamp* était encore un impôt emprunté à la Hollande ;

1 On trouve dans le *Redgauntlet* de Walter Scott, dont l'action se passe vers 1770, une peinture fidèle des mœurs de ces contrebandiers. Le capitaine Nanty Ewart et l'honnête receleur Trumbull sont au nombre des plus vivantes créations du romancier écossais.

Léonce de Lavergne

il avait été adopté en Angleterre, toujours comme taxe de guerre et essentiellement temporaire, en 1671. Borné dans l'origine aux actes judiciaires, il était loin d'avoir pris en 1783 l'immense extension qui en fait aujourd'hui la source d'un revenu énorme.

La taxe des terres (*land tax*), qui représente en Angleterre ce qu'on appelle en France la contribution foncière, était calculée a raison de 4 shellings par livre de revenu et produisait 2 millions sterling (50 millions de francs).

L'histoire de la taxe sur la drèche (*malt tax*) ressemble beaucoup à celle des autres impôts de consommation. Elle avait été établie pour la première fois en 1697, pour subvenir aux frais de la guerre. Depuis ce temps elle avait été maintenue par des votes annuels du parlement et produisait, en 1783, environ 750,000 liv. sterling.

Enfin, les taxes additionnelles étaient celles qui avaient été créées par l'administration de lord North pendant la guerre d'Amérique. Ces taxes, généralement mal assises, avaient trompé les espérances des financiers du temps et ne rapportaient presque rien.

Voici donc comment pouvait s'établir en gros le compte des recettes et des dépenses publiques de l'Angleterre pour 1784 : intérêts de la dette fondée, 8 millions sterl. ; intérêts de la dette flottante, 1 million sterl. ; remboursement de la dette de la banque, 2 millions sterl. ; déficit à régler des années antérieures, 2 millions sterl. ; liste civile, 1,200,000 liv. sterl. ; dépenses militaires et services divers, 7,800,000 liv. sterl. ; total des dépenses, 22 millions sterl. (550 millions de francs). Produits des douanes, du timbre et de l'excise, 40 millions sterl. ; produits de la taxe des terres, de celle du *malt* et, des taxes additionnelles, 2 millions et demi sterl. ; total des recettes, 42 millions et demi sterl. (312 millions de francs). Déficit de l'année ; sans rien affecter au remboursement des deux dettes, à l'indemnité des loyalistes américains, aux dettes du prince de Galles, près de 40 millions sterling ou 250 millions de francs. Ce n'était pas là, sans doute, l'état normal des finances publiques ; mais, en retranchant les charges extraordinaires, telles que les 2 millions sterling dus à la banque et les déficits accumulé des années précédentes, il restait encore un total de 48 millions de dépenses ordinaires, tandis que les recettes n'étaient que de 12 millions et demi. Le déficit permanent, régulier, devait donc être annuellement, en maintenant les armements sur le même pied, de millions et demi steril. (près de 140 millions de francs).

Six milliards de dette et 140 millions de déficit annuel, il y avait dans cette situation de quoi effrayer un homme moins résolu que Pitt. Le 3 pour cent, qui avait été à 83 pendant la guerre, était entre 56 et 57 au commencement de 1784, c'est-à-dire fort peu au-dessus du taux où il était descendu dans les moments les plus défavorables de la guerre et fort au-dessous de celui qu'il avait atteint après la signature des préliminaires de paix. Le mal paraissait sans remède ; les plus hardis reculaient devant la pensée d'augmenter encore les charges publiques. Le poids de l'impôt était déjà plus lourd pour un Anglais à cette époque qu'il ne l'était, il y a un an, pour un Français ; l'Irlande n'était pas encore réunie à ! a Grande-Bretagne présentaient qu'un total de 8 millions d'âmes, payaient pour les dépenses publiques le quart de ce que payait la France, en 1847, avec une population quatre fois et demie plus considérable, et elles avaient, en outre, à supporter les taxes locales qui n'ont point d'analogues en France, taxe des pauvres, dîmes de l'église, droits de barrière pour l'entretien des routes etc. Ce n'est pas exagérer que d'évaluer à 100 millions de francs le produit de ces taxes locales pour l'Angleterre et l'Ecosse à cette époque, ce qui portait à plus de 400 millions de francs le total des impôts acquittés, ou d'environ 50 francs par tête, tandis que la France, en 1847, a payé environ 40 francs par tête, tout compris.

Section II

Devant un si triste tableau, Pitt ne désespéra pas ; c'est là sa gloire. Il était jeune ; il fut confiant. Quant aux moyens qu'il prit pour sortir de là, qu'on ne s'attende à rien de miraculeux et de subit ; il n'atteignit son but qu'à force de temps, de patience et de travail, et, sans l'appui persévérant qu'il trouva dans la nation, il aurait dix fois succombé. Mais aussi quel peuple ! que de bon sens et de résolution ! On peut dire que l'opinion publique allait en quelque sorte au-devant des seuls moyens qui pussent rétablir l'ordre dans les finances, et Pitt présenta ce singulier phénomène d'un ministre qui devient de plus en plus populaire en augmentant tous les ans les impôts.

Il pensa que la première mesure à prendre était de faire la guerre à la contrebande. Il y travailla résolument dès le début de la session de 1784, aussitôt après les élections qui lui assurèrent la majorité dans le parlement, par la présentation de trois bills. Le premier était relatif aux moyens de répression. Un acte passé quatre ans auparavant portait que les bâtiments suspects de contrebande pourraient être saisis dans un rayon de deux lieues le long de la côte ; Pitt proposa d'élargir la zone où s'exerçait le droit de saisie et de la porter à quatre lieues. Il étendit en même temps les cas de suspicion légitime ; pour un baril d'eau-de-vie au-delà de ce qui était strictement nécessaire à l'usage de l'équipage, pour un baril de vin, pour quelques livres de thé ou de ceux qui pouvaient être utiles au service du roi, devaient être détruits. La construction de bâtiments d'une certaine forme et d'un certain tonnage, généralement connus pour servir à la contrebande, était prohibée. Aucune objection ne fut faite au principe du bill, et, dans les débats qui eurent lieu sur quelques-unes de ses clauses, les amis et les adversaires du gouvernement exprimèrent également l'intention de le rendre aussi efficace que possible. Il passa aux deux chambres sans division et après avoir été amélioré dans quelques détails par la chambre des communes.

Les deux autres bills portaient l'un sur le thé, l'autre sur les spiritueux.

Le thé pouvait, être considéré comme le principal aliment de la contrebande. D'après les calculs les plus exacts qu'il avait été possible de faire, il y avait lieu de croire que treize millions de livres de thé étaient alors consommées annuellement dans le royaume. Or, les droits étaient acquittés par la compagnie des Indes pour cinq millions et demi de livres seulement, sept millions et de demi de livres entraient donc en contrebande ; c'était plus de la moitié de la consommation totale. La contrebande sur cette denrée était parfaitement organisée ; des compagnies pour le commerce du thé s'étaient établies dans les principales villes maritimes du continent pour alimenter les contrebandiers anglais. Les employés de la compagnie des Indes, quand ils voulaient faire passer dans leur pays la fortune qu'ils avaient acquise, la réalisaient en thés transportés sur des bâtiments étrangers, consignés à des compagnies étrangères et introduits en fraude en Angleterre. Tant que les droits restaient aussi élevés sur le thé, il n'y avait point de loi assez menaçante et de punition assez sévère pour empêcher ce commerce lucratif. La grande difficulté était de trouver une combinaison qui pût décourager le contrebandier en accroissant : le revenu public. Les droits existants, en partie perçus par la douane, en partie par l'excise, s'élevaient ensemble à 50 pour 100 de la valeur. Pour ôter toute tentation de fraude, il était nécessaire que le marchand de bonne foi pût acheter le thé au même prix que le contrebandier, ce qui était impossible sans une réduction des droits qui les rendît égaux aux frais de la contrebande, et il était à craindre que le revenu public ne fût considérablement diminué par cette opération.

Voici ce qu'imagina Pitt pour échapper à de double danger. Il proposa de supprimer les droits existans sur le thé, et d'établir, pour l'avenir, un seul droit de douane de 12 et demi pour 100 de la valeur. Le droit ainsi réduit ne devait plus produire par an que le quart de l'ancien. Pour remplir ce déficit, il proposa d'augmenter la taxe sur les fenêtres ce qui serait, disait-il, un simple échange (*commutation*) de taxes tout à l'avantage du consommateur. De là le nom de bill d'échange (*commutation bill*) qui fut donné à son projet. Il présenta à l'appui de cette idée les développements les plus ingénieux. Le maître d'une maison ayant neuf fenêtres pouvait être considéré, dit-il, comme consommant annuellement dans sa famille sept livres de thé ; or, la différence entre l'ancien droit et le nouveau, sur une livre de thé, étant de 1 livre 5 shellings 10 deniers, et le nouveau droit sur les fenêtres n'étant que de 10 shellings 6 deniers, le maître de cette maison gagnait à l'échange 15 shellings 4 deniers. Malgré ces dégrèvements de fait, Pitt estimait que l'augmentation de la taxe sur les fenêtres, combinée avec le nouveau droit établi sur le thé, produirait annuellement 200,000 liv. de plus que le droit ancien, sans parler de l'accroissement probable dans l'importation du thé Ces 200,000 liv., ainsi que les dégrèvements indiqués, devaient être pris sur les profits illicites que le bill avait pour but de faire cesser.

Malgré ces raisons, le bill d'échange rencontra une assez vive opposition dans la chambre des communes. Fox soutint qu'il était injuste de contraindre tout le monde à payer pour boire du thé ;

soit qu'on en bût, soit qu'on n'en bût pas, tout propriétaire étant tenu de payer la taxe des fenêtres. On lui répondit qu'en fait il n'y avait guère de familles dans le royaume, soit parmi les riches, soit parmi les pauvres, qui ne fît usage du thé, et que tous ceux qui ne consommaient pas de thé introduit par contrebande gagneraient à la substitution. Fox, ne trouvant pas la question suffisamment éclaircie, demanda le renvoi à l'année suivante, mais Pitt refusa d'y consentir. Le bill passa dans la chambre des communes après une seule division, la proposition de le renvoyer au comité ayant été rejetée par 143 voix contre 40 ; il passa à la chambre des lords sans division et après un court débat.

La critique faite contre l'élévation des droits sur le thé était applicable à ceux sur les spiritueux ; tant qu'ils seraient maintenus, il était impossible d'espérer une répression efficace de la contrebande sur cet article. Le troisième bill proposé par Pitt renforçait les droits sur les spiritueux anglais et diminuait considérablement ceux sur les spiritueux étrangers, disposition étrange qui ne s'explique que par la nécessité de combattre, avant tout, la contrebande et d'accroître, par la quantité des spiritueux légalement importés, la quantité des droits perçus. Il fallait beaucoup compter sur l'esprit public pour proposer une pareille mesure ; ce qui est plus remarquable encore que l'idée du bill, c'est qu'il passa dans les deux chambres presque sans discussion ; n'ayant été considéré, que comme une expérience, il ne fut mis en vigueur que pour deux ans.

Ces trois bills sur un sujet qui avait excité à un si haut degré l'inquiétude publique furent reçus avec une satisfaction générale, excepté par ceux dont ils venaient détruire la coupable industrie. Ils sont d'autant plus dignes d'attention, qu'ils furent les premiers exemples de ce système mis si souvent depuis en pratique par les financiers anglais, et qui consiste à diminuer les droits pour augmenter le revenu.

Quand Pitt ouvrit son budget, le 30 juin 1784 (on désigne ainsi la séance où le ministre des finances présente l'exposé général des recettes et des dépenses de l'année), il commença par rappeler que les besoins du pays rendaient ce travail plus lourd et plus pénible pour lui que pour aucun des ministres qui l'avaient précédé. Il avait néanmoins la consolation de penser que ces besoins n'avaient pas été créés par lui ; il les avait trouvés en prenant les affaires, et, quoiqu'il fût dans l'indispensable nécessité d'imposer au pays de nouveaux sacrifices, il ne devait pas mettre des considérations personnelles en balance avec les devoirs de sa situation. Il avait confiance dans le bon sens et le patriotisme de la nation anglaise, qui supporterait ces charges avec courage après une longue et coûteuse guerre. Passant ensuite, à l'examen des recettes et des dépenses publiques, il constata pour l'année, ainsi qu'il a été dit plus haut un déficit de 10 millions sterling ou 250 millions de francs, en y comprenant les 50 millions dus à la banque, mais sans rien compter pour le remboursement de la dette flottante. Les directeurs de la banque consentaient que le paiement de leur créance fût renvoyé à une autre année ; les bons de l'échiquier pouvaient être remplacés par d'autres ; la somme à trouver était donc réduite à 8 millions sterling ou 200 millions de francs. Une meilleure perception des taxes et des économies sur l'armée pouvaient encore donner 2 millions sterling ou 50 millions de francs ; restaient 6 millions sterling ou 150 millions de francs qu'on ne pouvait se procurer que par un emprunt.

Ce nouvel emprunt était nécessaire ; il fut voté. La supériorité de l'administration nouvelle se fit sentir par la manière dont il fut concédé. Les précédents ministres avaient fait de la concession directe des emprunts un instrument de patronage et un moyen d'enrichir leurs amis et partisans aux dépens de la nation. Pitt adopta un nouveau mode qui lui réussit parfaitement et qui est maintenant généralement suivi. Il fit donner avis, par l'administration de la banque aux capitalistes de la cité ; qu'il était prêt à contracter un emprunt avec ceux qui lui offriraient les meilleures conditions, et que des billets de loterie seraient distribués parmi les prêteurs en proportion des sommes prêtées. Ceci amena, comme il s'y attendait, une concurrence. Deux compagnies déposèrent des propositions qui furent ouvertes en présence du gouverneur et du sous-gouverneur de la banque, et Pitt accepta les meilleures pour l'état. Voici en quoi elles consistaient : tout souscripteur pour 100 livres en argent devait recevoir une inscription de 100 livres 3 pour 100, une de 50 livres 4 pour 100, 5 shellings 6 deniers d'annuité pendant soixante-quinze ans, et les deux cinquièmes d'un billet de loterie. De cette façon, l'intérêt public fut seul consulté, et toute possibilité de faveur ou d'influence fut écartée. La charge de l'échiquier, par suite de cet emprunt, s'éleva à 7,875,000 francs par an. C'était à raison d'un peu plus de 5 pour 100.

En même temps, Pitt consolida pour 6,600,000 livres sterling ou 165 millions de francs de bons pour la marine et les vivres et de bons pour les dépenses de l'artillerie qui formaient une partie considérable de la dette flottante ; ce n'était encore là qu'un peu moins de la moitié de ces bons. Il était bien évident qu'il faudrait finir par consolider le tout ; mais c'était déjà beaucoup, au moment où l'on émettait un nouvel emprunt, de faire passer une pareille masse de titres dans la dette fondée. Pour payer l'intérêt du nouvel emprunt (315,000 livres), Pitt proposé purement et simplement d'établir de nouvelles taxes ; ces taxes portaient sur les chapeaux, les rubans, les gazes, les charbons, les chevaux, la toile, le calicot, les chandelle, les patentes des marchands au détail, les briques et tuiles, les permis de chasse, le papier et les fiacres. C'était, comme on voit, à l'exception des charbons et des tuiles, une série de taxes somptuaires. La seule qui souleva de sérieuses objections fut la taxe sur les charbons. Sur l'observation qu'elle pourrait être nuisible aux manufactures et oppressive pur le pauvre, Pitt l'abandonna et y substitua une taxe sur la vaisselle d'or et d'argent, sur le plomb exportée les licences pour la vente de l'ale, les chevaux de course, la poste aux lettres, et il changea celle sur les rubans et la gaze en une sur la soie écrue. Il ne proposa pas moins de cent trente-trois résolutions, qui furent transformées en bills et passèrent sans grande difficulté. Tout le monde admira dans les débats, ainsi que dans l'immense exposé qui avait ouvert la discussion, les ressources d'esprit et de volonté du jeune chancelier de l'échiquier, et les espérances de l'Angleterre achevèrent de se fixer sur lui.

Telle fut en résumé, sous le rapport financier, cette session de 1784, la première d'une si longue et si éclatante carrière.

La suite répondit à ce début. Non content d'avoir obtenu du parlement des bills contre la contrebande, Pitt eut soin de tenir énergiquement la main à l'exécution des mesures adoptées. Au mois de janvier 1785, il fit brûler, le long des côtes, sans autre forme de procès, tous les bâtiments suspects de contrebande. Un certain genre de construction favorable à la marche rapide des navires et particulière aux contrebandiers était à peu près la seule indication qui servait à reconnaître les bâtiments à incendier. Cette hardie mesure fut exécuté en présence des propriétaires des navires, qui, réclamaient en vain, et sous la protection d'un corps de troupes qu'on avait fait venir à Beal et dans d'autres ports fréquentés par la contrebande. Pitt se mit avec la même résolution à la poursuite de tous les abus. Donnant un exemple qu'aucun ministre n'avait donné avant lui, il pénétra dans les moindres détails des administrations les plus compliquées et entreprit de supprimer toutes les dépenses inutiles. Les hommes vieillis dans les affaires le voyaient avec un étonnement mêlé de pitié s'engager dans cette œuvre immense, et, tout en admirant sa bonne foi, souriaient de sa présomption.

Le comte d'Adhémar, alors ambassadeur de France auprès de la cour de Londres, écrivait à son gouvernement, le 20 février 1785, au sujet de ces réformes : « Il est probable que M. Pitt ne résistera pas à la terrible besogne dont il s'est chargé et qu'il entreprend avec un courage plus propre à marquer son zèle que son expérience. Il a osé entrer dans l'examen de tous les gages, de tous les émoluments, de tous les profits illicites que les trésoriers et caissiers retirent de l'argent qui séjourne dans leurs mains. Il a voulu que la perception fût plus simple, moins onéreuse et d'une fluidité plus rapide dans le trésor national. Il a mis, en conséquence, des empêchements à tous les écoulements d'argent illicites ; il a retranché sur les gages ; en un mot, il a proposé plusieurs bills pour consolider cette grande opération contre les abus. Sa motion a passé. Vous jugez bien que c'est un homme perdu. L'on n'attaque pas impunément les financiers et les gens avides. Il est dangereux dans tous les pays du monde de faire le bien général sans s'arrêter à la considération des intérêts particuliers. Heureux cependant les hommes à qui les circonstances fournissent le développement de ce caractère honorable ! Ils ont la vénération, des honnêtes gens ; telle sera la récompense de M. Pitt, soit qu'il tombe ou qu'il reste en place. »

Pitt ne tomba pas, et le pronostic de M. d'Adhémar, assez généralement fondé, se trouva faux pour l'Angleterre.

Cependant les effets des mesures prises commençaient à se faire sentir. Les revenus publics montaient. Le 11 avril 1785, Pitt fit connaître au parlement les résultats des deux derniers trimestres ; en les comparant à ceux de l'année précédente, il fit ressortir un progrès sensible. Il exprima l'espoir que, dès l'année suivante, les recettes du pays balanceraient les dépenses et donneraient même un excédant qui pourrait être appliqué à liquider la dette nationale. Avait-il réellement l'espoir qu'il exprimait, ou cette affirmation prématurée n'était-elle pour lui qu'un moyen de relever la confiance publique ? Peu importe ; en pareil cas, l'illusion même est utile, et, quand Pitt aurait trop compté sur lui-même, il n'aurait fait que puiser dans cet excès de confiance le courage dont il avait un si grand besoin. Quand il ouvrit son budget, le 9 mai, il annonça que le déficit de l'année, pour les dépenses ordinaires, ne serait que d'un million sterling (25 millions de francs), résultat trop après une seule année d'administration, et qui fut généralement accueilli par des doutes.

Pour combler le nouveau déficit, il refusa de contracter un emprunt dans la forme ordinaire, les fonds publics étant encore trop bas pour qu'il lui parût sage de jeter de nouveaux titres dans la circulation. Il aima mieux emprunter à la banque, sur des bons de l'échiquier, à 5 pour 100, et telle était la confiance qu'il inspirait déjà, que la banque consentit à faire cette nouvelle avance. En même temps il annonça qu'il restait encore pour 10 millions sterling de bons de la marine et de l'artillerie, et que, cette masse de valeurs en suspens étant la principale cause de la dépression des fonds, il croyait de son devoir de les consolider immédiatement. Il émit à cet effet, comme l'année précédente, du 5 pour cent un peu au-dessous du pair, et grossit ainsi la dette fondée de plus de 11 millions de liv. sterling. Pour subvenir aux intérêts des nouveaux emprunts et remplacer la taxe sur les étoffes de coton qu'il avait été forcé de supprimer, il proposa de nouvelles taxes sur les laquais, les servantes, les chevaux de poste, les boutiques, les prêts sur gages et les gants. Ces taxes subirent dans la discussion quelques modifications qui devaient les rendre moins productives, et Pitt, qui ne voulait rien perdre, augmenta en proportion quelques-uns des impôts déjà existants, de manière à retrouver les 400,000 liv. sterling de revenu supplémentaire dont il avait déclaré avoir besoin.

Fox, Sheridan et les autres membres de l'opposition avaient d'abord manifesté l'intention d'appuyer Pitt dans ses réformes financières ; mais, quand ils le virent s'engager si avant, ils espérèrent en profiter pour le renverser. Suivant la tactique éternelle des oppositions, ils s'attachèrent à prouver que le déficit était beaucoup plus grand que ne l'avouait le ministre, et en même temps ils attaquèrent toutes les taxes nouvelles comme impopulaires. Ils s'en prirent surtout à la nouvelle taxe sur les boutiques, qui était en effet assez mal conçue, et dont la révocation devait leur donner plus tard un petit triomphe de détail. Les accusations qu'ils élevaient contre le chancelier de l'échiquier étaient trop évidemment contradictoires pour mériter une bien grande faveur, mais chacune d'elles prise à part était spécieuse. Dans un pays moins positif, elles auraient pu donner le change. En Angleterre, l'opinion résista ; les bills proposés par Pitt ne passèrent qu'à une faible majorité ; la coalition des intérêts compromis ébranla un moment le jeune ministre, mais la force de la vérité l'emporta.

Ainsi se passa l'année 1785. Tout le monde sentait qu'une situation aussi mauvaise, aussi chargée d'embarras, ne pouvait pas s'éclaircir comme par enchantement On avait foi dans la résolution de Pitt, dans son dévouement absolu à l'intérêt public, et on attendait. Dès la rentrée du parlement, le 7 février 1786, Pitt demanda, avec un juste sentiment de ses progrès, qu'un comité fut nommé pour examiner l'état des recettes et des dépenses du pays. C'était provoquer lui-même l'examen de toute son administration. Le comité fut nommé et composé de neuf membres ; W. Grenville, cousin du ministre, en fut nommé président. Le 21 mars, le comité rendit le compte le plus favorable à Pitt et à son système. D'après le rapport présenté à la chambre des communes, voici quel devait être à l'avenir le budget normal du pays : dépenses 14,478,181 livres sterling ou 362 millions de francs environ ; recettes, 15,397,471 livres sterling ou 385 millions de francs environ, d'où résultait un excédent de recettes sur les dépenses de 919,290 liv. sterling ou près de 23 millions de francs. Ainsi, si ce compte était exact, les dépenses annuelles avaient été réduites par Pitt, en deux ans, de 18 millions sterling à 14 millions et demi, soit de 3 millions et demi sterling ou de plus de 87 millions de francs ; en même temps, les recettes avaient été portées de 12 millions et demi sterling à 15 millions et demi, c'est-à-dire accrues de 3 millions sterling ou 75 millions de francs ; c'est ainsi que le déficit de 138 millions était devenu un excédent de recettes de 23.

Dans cette évaluation des dépenses publiques, les intérêts de la dette fondée, qui n'étaient que de 8 millions sterling en 1783, étaient portés à 9,275,000iivres, par suite des consolidations successives qui avaient eu lieu depuis deux ans. En revanche, les intérêts de la dette flottante, qui absorbaient au moins un million sterling en 1783, n'étaient plus portés que pour 258,000 livres. La dette flottante avait diminué à peu près de ce dont s'était accrue la dette fondée ; c'était une transformation analogue à celle qui a eu lieu cette année en France pour les bons du trésor et les fonds des caisses d'épargne. Seulement cette transformation, accomplie avec une prudente habileté, avait grevé l'état d'une faible charge, tandis qu'elle n'a pu avoir lieu en France, sous la pression de circonstances impérieuses, qu'au prix de sacrifices considérables. Les 500,000 livres sterling d'intérêts annuels dont la dette s'était accrue en outre représentaient les intérêts des derniers emprunts conclus en 1784 et 1785. Quant aux économies, elles portaient principalement sur les dépenses militaires ; ces dépenses étaient réduites à elles seules de plus de 3 millions sterling ou 75 millions de francs. Il n'était alloué pour la marine que 45 millions de francs ; pour l'armée, que 40 millions de francs ; pour l'artillerie, que 9 millions de francs. Ainsi, toutes les dépenses militaires annuelles de l'Angleterre, marine, armée et *ordnance*, ne devaient pas atteindre 100 millions de francs ; c'était la moitié environ de ce qu'elles exigeaient en 1783.

Quant aux recettes, les nouveaux impôts établis par Pitt ne figuraient que pour des sommes insignifiantes ; l'augmentation du revenu était obtenue presque tout entière sur les anciens impôts, grâce aux améliorations introduites dans la perception, à la répression de jour en jour plus active de la contrebande, et surtout au progrès de la richesse et du bien-être dans le pays. L'Angleterre payait avec plus d'aisance, en 1786, 15 millions et demi sterling de contributions que 12 millions et demi deux ans auparavant. Le grand art, pour accroître les recettes d'un pays, consiste moins en effet dans l'établissement de nouveaux impôts que dans l'impulsion donnée aux affaires par un sentiment général de confiance et de sécurité. Sous ce rapport, l'administration de Pitt avait fait des merveilles. La nation oubliait peu à peu les jours néfastes de la guerre contre l'Amérique, et, se tournant vers l'avenir avec un retour d'espérance, elle cherchait désormais en elle-même la compensation de ce qu'elle avait perdu au dehors. L'industrie, le commerce, l'agriculture, la navigation, se développaient rapidement.

Le brillant tableau présenté par le comité n'était cependant pas complètement exact, et l'opposition ne se fit faute de le faire remarquer. Fox, Sheridan, sir Grey Cooper, contestèrent toutes les conclusions du rapport. Selon eux, l'excédent de 900,000 livrés sterling des recettes sur les dépenses n'était qu'un mensonge. D'abord, le comité n'avait pas fait mention de plusieurs dépenses qui, pour être extraordinaires, n'en étaient pas moins obligatoires, telles que des sommes dues à la liste civile l'augmentation d'apanage pour le prince de Galles, les indemnités que les loyalistes américains sollicitaient depuis longtemps, les 2 millions sterling que l'état devait à la banque, etc. Ensuite, l'opposition prétendait avec raison que les dépenses ordinaires avaient été réduites outre mesure, que la marine, par exemple, ne pouvait pas se renfermer dans le crédit qui lui était affecté en présence des armements des autres nations, et que, sur toutes les autres branches des dépenses publiques, de semblables mécomptes se présenteraient. A ces observations parfaitement fondées s'en joignaient d'autres, qui l'étaient moins ; on disait que les recettes des douanes et de l'excise avaient été exceptionnelles en 1785, que rien ne permettait d'espérer qu'elles se maintinssent à ce taux ; on profitait d'une diminution momentanée que les recettes des douanes avaient essuyée dans le premier trimestre de 1786 pour annoncer dans l'avenir une réduction analogue sur toutes les taxes.

C'est ici qu'on ne saurait trop admirer le bon sens dont fit preuve en cette occasion la nation anglaise. Ces critiques, assez justes pour la plupart, ne firent aucune impression sur l'esprit public ; le système de Pitt était désormais jugé. Il avait fait non-seulement tout ce qui était possible, mais bien au-delà de ce qu'il était raisonnable d'espérer en 1783 ; l'Angleterre n'en demandait pas davantage. Que le fameux excédant de 900,000 liv. ster. fût réel ou fictif, et l'expérience prouva plus tard qu'il n'était qu'apparent, elle s'en inquiétait peu. Pour la première fois depuis bien des années, on n'entendait pas parler d'emprunt pour subvenir aux dépenses courantes. Après tant de déficits accumulés, l'équilibre était à lui seul un progrès suffisant. Quant à l'arriéré, Pitt, qui en avait déjà comblé une partie, finirait bien par liquider le reste. L'opposition avait beau jeu à étaler les embarras du pays, mais elle ne donnait pas le remède à ces embarras, tandis que le jeune ministre travaillait sans relâche à les éteindre. Mieux valait donc soutenir un ministère réparateur, même en supposant qu'il exagérât les bons côtés de la situation, que donner raison à l'opposition, qui en exagérait inutilement les mauvais.

Section III

Dès ce moment, Pitt fut maître du terrain. Les taxes additionnelles elles-mêmes n'excitèrent dans le pays que les clameurs absolument inévitables. On n'avait pourtant encore vu nulle part une telle accumulation de taxes. Une caricature parut à cette époque et fut quelque temps assez à la mode. Elle représentait *le Breton né libre* ou John Bull, c'est-à-dire le peuple anglais, sous la forme d'un homme écrasé sous le poids des impôts. Sur le drap qui formait ses habits, sur le linge de sa chemise était écrit en grosses lettres *custom* (douane) ; sur d'autres parties de son corps, *excise* ; sur sa tête et sur ses mains, *stamp* (timbre). Son large cou portait une sorte de joug ; sur l'un des bouts de ce joug était écrit *dette nationale* ; sur l'autre, *liste civile*. De ces deux bouts pendaient de ballots représentant les taxes sur la bière, le thé, le vin, le tabac, le sucre, le charbon ; à sa droite était une maison placardée de haut en bas d'affiches pour les taxes : taxe sur les tuiles du toit, taxe sur les briques du mur, taxe sur les fenêtres, taxe sur les boutiques, etc. ; un autre édifice placé à sa gauche était également placardé de taxes pour les paroisses, le droit des pauvres, l'éclairage, le pavé, ou de taxes sur la vie civile, les naissances, les baptêmes, les mariages, les enterrements ; la terre où il posait les pieds portait elle-même en grosses lettres *land tax* ; enfin, les taxes futures s'approchaient de lui sous la forme d'un crocodile prêt à le dévorer. Tout cela était vrai sans doute, mais pouvait-il en être autrement ?

De son côté, Pitt fit grand bruit de l'excédant de recettes de 900,000 liv. sterling qu'il était, disait-on, parvenu à obtenir. Il en fit le point de départ d'un système d'amortissement de la dette « qui aurait suffi, dit son panégyriste Tomline, à immortaliser son nom et à lui assurer l'ardente reconnaissance des générations présentes et futures. » Ce plan, fort simple consistait à appliquer tous les ans 1 million sterling au rachat des titres de la dette au cours du jour ; ce fonds devait être déclaré inaliénable, même en temps de guerre, et accru d'année en année de l'intérêt composé des sommes rachetées. C'était la théorie de l'amortissement telle qu'elle avait été donné par le docteur Price et qu'elle a été depuis appliquée en France. Beaucoup d'autres projets avaient été présentés sur un sujet qui occupait tous les esprits, mais Pitt avait préféré celui-là comme le plus pratique et le plus propre à agir sur les imaginations. Il ne s'était pas trompé. L'Angleterre fut émerveillée de tout ce qu'elle entendit dire de la puissance de l'intérêt composé ; il fut démontré par des chiffres que si, de 1746 à 1786, un fonds annuel d'un demi-million sterling ou 12 millions et demi de francs avait été employé sans interruption au rachat de la dette en s'accroissant d'année en année, de l'intérêt des sommes rachetées, la dette entière de l'Angleterre, cette dette énorme qui pesait si lourdement sur les finances publiques, aurait été entièrement éteinte dans cette période de soixante-dix ans.

Puisqu'un pareil résultat eût été possible avec une dotation annuelle d'un demi-million sterling seulement, grâce à la puissance de l'intérêt composé, que ne devait-on pas attendre d'une dotation annuelle du double ! L'Angleterre accueillit, avec un véritable transport de joie le projet de Pitt et les calculs à l'appui ; elle se crut dégagée dans un court délai du fardeau de sa dette, et en effet, si aucun emprunt nouveau n'était venu détruire l'effet de l'amortissement institué par Pitt, les conséquences annoncées par les chiffres se fussent réalisées mathématiquement. Une seule condition était nécessaire, c'était que l'excédent annuel d'un million sterling des recettes sur les dépenses fût réel ; or, cette condition ne fut que bien rarement remplie, elle ne l'était pas même au moment où Pitt l'annonçait si pompeusement, et le temps n'était pas loin où la guerre contre la France allait contraindre le pays à contracter une dette nouvelle bien autrement gigantesque que l'ancienne. Le fameux amortissement de Pitt ne fut donc jamais qu'une illusion, mais l'Angleterre n'y regarda pas de si près, et cette illusion suffit pour fonder chez elle le crédit public sur des bases inébranlables Dans les moments les plus difficiles de la guerre contre la France, Pitt n'eut qu'à maintenir résolument le principe de l'amortissement, tel qu'il l'avait posé en 1786, pour réaliser sans dif6ulté des emprunts énormes. Dans ces derniers temps, le gouvernement anglais a pu supprimer avec raison la dotation annuelle de l'amortissement, l'expérience ayant démontré qu'il n'y avait de véritable amortissement que l'excédent des recettes sur les dépenses, mais la reconnaissance de l'Angleterre envers Pitt n'en doit pas être amoindrie.

Pitt comprit si bien l'importance de ce bill d'amortissement, qu'il voulut donner à sa sanction une solennité particulière. Le bill ayant passé dans les deux chambres presque sans opposition, le roi se rendit en personne, le 26 mai, à la chambre des pairs pour donner son assentiment, cérémonie complètement inusitée au milieu d'une session et destinée à frapper davantage les esprits En présentant le bill au roi, le président de la chambre des communes prononça un discours où la réduction progressive de la dette publique était présentée comme un fait désormais acquis et assuré. Sous l'empire de cette espérance, les fonds publics montèrent rapidement. Comme, il ne devait pas y avoir cette année d'emprunt donnant lieu à de gros bénéfices, les capitalistes durent mettre leur argent dans les fonds ordinaires. Une circonstance heureuse vint en outre en aide à Pitt. L'année précédente, un bill avait été proposé par le ministère pour imposer à quiconque reviendrait de l'Inde en Europe l'obligation de faire connaître sous serment l'état de sa fortune ; à cette nouvelle, une foule d'Anglais riches revinrent dès 1786 et s'empressèrent de réaliser leur fortune avant que le bill fût en vigueur ; il eu résulta un versement prodigieux de numéraire en Angleterre et une foule de placements dans les fonds publics. Le 3 pour 100 monta à 73 ; il était à 56 à l'avènement de Pitt.

L'année 1786 est peut-être la plus importante de l'histoire financière de la Grande-Bretagne. A partir de cette année, cesse le désordre des administrations précédentes, un budget régulier est fondé. Le ministre proposa en outre, avant la fin de la session, une mesure qui devait compléter ce qui avait été fait en 1784 pour les thés et les spiritueux ; il s'agissait des vins. La quantité de vin annuellement consommée dans le pays allait nécessairement croissant, comme toutes les consommations, et cependant les recettes de la douane sur cet article baissaient. Pitt y vit la preuve d'une contrebande active, et proposa pour l'arrêter de transporter le droit sur les vins de la douane à l'excise. C'était de nouveau beaucoup oser, car l'excise était particulièrement impopulaire. L'opposition jeta feu et flammes. Les marchands de vin firent pétitions sur pétitions. Le bill passa cependant sans difficulté, et les prévisions de Pitt ne tardèrent pas à se vérifier ; avant que le vin fût soumis au régime de l'excise il en entrait annuellement 12 à 13,000 tonnes ; après l'adoption du nouveau régime, il en entra 18,000, et bientôt après, le droit ayant été réduit, 22,000. Ainsi se justifiaient l'une après l'autre par l'expérience presque toutes les innovations du premier ministre. On n'avait jamais vu le génie fiscal braver l'impopularité avec cette audace et réussir dans ses entreprises avec ce bonheur.

En même temps qu'il apportait dans la perception des impôts ce soin de plus en plus rigoureux, Pitt ne négligeait aucun moyen d'augmenter l'activité nationale, source unique de tout revenu. Il négociait depuis quelque temps un traité de commerce avec la France ; ce traité fut signé le 29 septembre 1786. On aura peine à le croire de nos jours, mais ce fut là peut-être la nouveauté la plus hardie de Pitt, celle dont le succès dans l'opinion fut le plus douteux. Les esprits étaient encore à cette époque fortement imbus de préjugés belliqueux ; la France surtout était pour les Anglais l'objet de ressentiments héréditaires que les désastres de la guerre d'Amérique avaient tout récemment ravivés. Un traité, même de commerce, avec la France parut à beaucoup de bons patriotes une véritable monstruosité. Fox se fit dans la chambre des communes l'organe de ces haines. Le discours qu'il prononça à cette occasion était exactement celui qu'aurait prononcé, il y a un an, un membre de l'opposition française, s'il avait été question alors d'un traité de commerce entre la France et l'Angleterre. Il fallait disait-il que le ministère eût perdu toute pudeur pour jeter ainsi l'Angleterre aux pieds de son odieuse rivale ; l'indépendance nationale était compromise, sacrifiée ; le traité était tout dans les intérêts de la France, etc. Pitt répondit dans un langage humain, élevé, véritablement politique ; il combattit ces idées surannées de lutte éternelle entre les peuples, et essaya de montrer que l'Angleterre, au lieu de s'affaiblir, puiserait de nouvelles forces dans un plus grand développement commercial. Ces raisons, qui trouveraient encore aujourd'hui en France peu d'échos, n'en trouvèrent pas beaucoup plus alors en Angleterre.

L'ascendant de Pitt fit cependant accepter le traité ; mais il sentit

Léonce de Lavergne

lui-même qu'il avait besoin de donner une compensation aux susceptibilités nationales. L'occasion se présenta bientôt, il la saisit. La guerre éclata entre la Hollande et la Prusse au mois de juillet 1787 ; la Hollande réclama le secours de la France son alliée, et la France se disposait à intervenir, quand Pitt fit signifier au gouvernement français qu'il s'opposait à l'intervention ; ce gouvernement, que troublaient déjà les approches de la révolution, ne se sentit pas assez fort pour passer outre ; la Hollande abandonnée se soumit. C'était le premier succès de l'Angleterre à l'extérieur depuis la guerre d'Amérique, et il était obtenu sur la France ; la nation entière fit éclater des transports de joie. La popularité de Pitt, un moment ébranlée par le traité de commerce, en fut accrue ; mais ce succès était de ceux qui ne s'obtiennent pas sans des sacrifices. Bien que Pitt n'eût pas fait la guerre proprement dite, il avait dû la préparer. Un traité avait été passé avec le landgrave de Hesse-Cassel pour lui assurer un subside annuel qui le mît en état de tenir sur pied douze mille hommes de troupes auxiliaires ; en même temps, les forces de terre et de mer de l'Angleterre avaient dû être accrues et portées fort au-delà des prévisions du comité. Pitt eut donc à souffrir comme financier de son succès comme homme d'état.

Son budget de 1787, par suite de ces armements extraordinaires, devait encore se solder en déficit. Il résolut de n'en pas parler. A l'aide de quelques anticipations et avec le secours de la dette flottante, il passa l'année sans nouvel emprunt. Cette session ne fut pourtant pas perdue pour sa grande réforme financière ; il la remplit, au contraire, par une des plus importantes améliorations qu'il ait réalisées. Nous avons dit quelle confusion régnait dans la perception des douanes, de l'excise et du timbre. Le ministre n'entreprit rien moins que de porter l'ordre dans ce chaos. Après avoir mûri de longue main ses idées, il soumit au parlement, dans le cours de cette session, un plan général connu sous le nom de *consolidation*. Les innombrables droits alors existants devaient être abolis et remplacés par un droit unique sur chaque article équivalant autant que possible à l'ensemble des anciens ; de plus, les produits divers de ces trois grandes branches du revenu public, au lieu d'être affectés séparément, comme par le passé, des destinations spéciales, devaient être réunis en un seul fonds, appelé *fonds consolidé*, qui servirait d'abord à payer les créanciers de l'état, et dont le surplus, s'il y en avait, serait applicable aux dépenses publiques. Par cet arrangement, chacun des créanciers de l'état perdait sa garantie particulière ; mais Pitt soutenait que l'état avait toujours le droit de changer la nature du gage qu'il donnait à ses créanciers, pourvu que le gage nouveau fût substantiellement égal à l'ancien. Si ce droit était refusé au parlement, il serait impossible, disait-il avec raison, de rien changer à une taxe une fois établie. Du reste, pour couper court à toute objection, il proposa de déclarer que, dans le cas où l'ensemble des ressources réunies dans le fonds consolidé ne suffirait pas pour faire honneur aux engagements de l'état, il y serait pourvu au moyen des subsides votés annuellement par le parlement.

En même temps, il proposa de nombreuses améliorations de détail dans les services. Ainsi, d'après les règles existantes, la valeur des marchandises assujetties par la douane à un droit *ad valorem* était affirmée sous serment par l'importateur ; on s'était plaint souvent de cette disposition qui donnait lieu à de nombreux parjures. Pitt demanda qu'à l'avenir la déclaration des valeurs fût faite seulement par écrit par le propriétaire ou son agent ; pour défendre les intérêts du fisc, les officiers des douanes devaient avoir le droit de prendre pour le compte de l'état les marchandises au prix d'évaluation, en ajoutant 10 pour 100 pour représenter les bénéfices probables des marchands. Ces principes sont ceux qui ont été adoptés depuis par les premières nations européennes, et qui sont considérés en quelque sorte aujourd'hui comme élémentaires en matière de douane. D'autres mesures du même genre furent prises pour simplifier également la perception des droits de l'excise et du timbre. Ce vaste plan, qui ne comptait pas moins de trois mille résolutions de détail, rencontra dans le parlement une faveur universelle. Pitt le développa avec une si merveilleuse clarté et une connaissance si approfondie de la matière, qu'il obtint même les applaudissements de l'opposition. Burke déclara le premier que ceux qui, comme lui, croyaient malheureusement de leur devoir de combattre souvent les mesures proposées par le gouvernement, ne pouvaient en cette occasion que remercier, au nom du pays, le chancelier de l'échiquier pour la parfaite justesse de vues et l'admirable précision de son exposé. Après lui vint sir Grey Cooper, qui avait été seize ans secrétaire de la trésorerie, et qui rendit le même hommage au travail de Pitt. Enfin, Fox lui-même exprima en termes formels son adhésion, et le plan de Pitt devint loi de l'état.

La force de l'opinion fut telle en sa faveur, que pas un des créanciers privilégiés ne réclama. Cette révolution, qui paraissait impossible, entreprise à propos, s'accomplit avec une facilité extraordinaire. Avant cette époque, l'Angleterre avait déjà deux budgets : l'un qui se composait des dépenses obligatoires et des recettes préparées pour y pourvoir, l'autre qui se composait des subsides spéciaux votés annuellement. Cette distinction fut maintenue et en quelque sorte fortifiée par le plan de Pitt. On a quelquefois proposé d'établir en France la même distinction ; le désir de conserver une parfaite uniformité dans les finances publiques a fait maintenir la formalité du vote annuel pour toutes les recettes et dépenses indistinctement. En fait, cette formalité est illusoire, pour les dépenses du moins, car en France comme en Angleterre il y a des dépenses nécessaires et des dépenses facultatives ; mais, avec l'organisation actuelle des finances françaises, rien n'en rend, à proprement parler, la suppression nécessaire, tandis que, du temps de Pitt, la consolidation avait une signification considérable.

Une difficulté plus politique que financière, mais qui cependant devait donner lieu à l'ouverture d'un nouveau crédit, fut résolue presque en même temps. Les dettes du prince de Galles devenaient de plus en plus criantes. George III, homme d'ordre, d'économie, de mœurs régulières, n'aimait pas ce fils, qui se livrait avec emportement à toutes les dissipations de la jeunesse ; de son côté, le prince de Galles, rebuté par la sévérité de la cour de son père, s'entourait de tous les hommes prodigues et débauchés qui formaient l'opposition. Une lutte fort vive s'engagea dans les communes au sujet des dettes du prince ; Pitt refusa d'abord de les payer, et, soutenu dans sa résistance par le roi lui-même, il ne céda que lorsque le prince eut promis de vivre à l'avenir plus convenablement. Jamais peut-être Pitt n'avait montré plus de fermeté et d'esprit politique ; il avait su résister et céder à propos et concilier dans une juste mesure le respect dû à l'héritier du trône avec la dignité du gouvernement. Il en fut récompensé dès l'année suivante, quand' George III perdit la raison. Cette crise, une des plus graves qu'ait jamais traversées une monarchie constitutionnelle, présente peut-être la plus belle page de l'histoire d'Angleterre ;

on vit la nation, placée entre un roi fou et un prince déconsidéré, se rallier avec une énergie croissante autour des institutions qui ont fait sa gloire et sa puissance, et maintenir aux affaires le grand ministre qui perdait dans le roi son principal appui.

Les armements de 1787 pesèrent encore sur le budget de 1788. Pitt tint cependant à honneur de passer encore cette année sans faire de nouvel emprunt, sans établir de taxes nouvelles et sans rien retrancher du fonds d'amortissement voté en 1786. Il y parvint grâce à l'habileté son administration. Les dépenses non prévues au budget de 1787 dépassaient 1,200,000 liv. sterl., ou 30 millions de francs. Pitt prétendit que l'accroissement continu du revenu public suffisait pour les acquitter, mais le revenu de l'année finissant le 5 avril 1788 n'avait été, d'après ses propres relevés, que de 400,000 liv. au-dessus des évaluations du comité ; restaient 800,000 livres qu'il avait dû nécessairement demander à la dette flottante. Quoi qu'il en soit, on comprend combien l'Angleterre dut être frappée d'étonnement en voyant deux années passer sans emprunt et sans taxes nouvelles après tant de charges extraordinaires. Ce qui frappait surtout les regards les moins prévenus, c'était cette augmentation constante des recettes, qui attestaient un développement de plus en plus rapide de la richesse publique. Pitt avait soin de faire remarquer, dans ses exposés, que l'augmentation serait nécessairement plus sensible encore dans les années suivantes, puisque les chances de guerre qui avaient comprimé un moment le commerce n'existaient plus, et l'Angleterre, attentive à ces paroles, voyait s'ouvrir devant elle un avenir infini de prospérité.

Le ministre profita de cette bonne disposition des esprits pour liquider une des dernières charges laissées par la guerre d'Amérique. Ceux qu'on appelait les loyalistes américains ne cessaient de poursuivre le gouvernement de leurs réclamations. Des commissaires avaient été nommés pour examiner leurs titres ; le travail des commissaires étant terminé, Pitt divisa les réclamants en trois catégories, suivant le degré et la nature de leurs pertes. Pour ceux de la première catégorie, il proposa de leur allouer une indemnité égale à la totalité du dommage, quand il n'excédait pas 10,000 livres ou 250,000 francs ; de 10,000 livres à 35,000, la réduction devait être de 15 pour cent seulement, et au-dessus de 35,000 livres, un peu plus forte. Les autres catégories étaient proportionnellement aussi bien traitées. C'était se montrer d'autant plus libéral qu'ainsi que l'avait dit Pitt lui-même en présentant son projet, les réclamants n'étaient nullement fondés en droit. En leur rendant la valeur de leurs biens confisqués par la guerre, la mère-patrie ne remplissait pas envers eux un devoir de justice, elle accomplissait un acte de générosité. Ces générosités bien entendues ne nuisent pas aux états, bien loin de là ; en même temps qu'elles donnent une haute idée de la richesse publique, elles resserrent le lien de la nationalité et encouragent les sacrifices individuels dans l'espérance d'une rémunération ultérieure. Cette munificence nationale devait coûter 1,228,000 livres ou environ 30 millions de francs ; Pitt les demanda à un emprunt déguisé sous la forme qui paraissait insoluble, en 1783 et qui se trouvait aplanie.

Section IV

Ces réparations successives, en ajoutant de nouvelles charges aux dépenses ordinaires de l'état, ajournaient toujours le moment où pourraient enfin se réaliser les promesses du comité de 1786. Si les recettes conservaient le mouvement ascensionnel qui leur avait été imprimé par l'énergie du premier ministre, elles ne pouvaient pas monter aussi vite que les dépenses. Chaque jour, en quelque sorte, se révélait un nouvel arriéré du passé à solder, un nouveau besoin du présent à satisfaire. Pitt suffisait à tout avec un rare bonheur de ressources ; mais, quoi qu'il fît, son équilibre se rompait toujours par quelque côté. On a déjà vu qu'il était lui-même le premier à proposer les dépenses additionnelles qu'il croyait utiles. Ainsi encore, quand les subsides annuels furent votés pour 1789, il demanda pour la marine deux mille matelots de plus que l'année précédente, et pour les fortifications un crédit extraordinaire de 36,000 liv. sterling. Ces deux dépenses, qui venaient dépasser encore les crédits déjà dépassés du fameux budget normal de 1786, n'étaient pas absolument nécessaires, mais elles devaient améliorer l'état général de défense du pays. Devant de pareilles considérations, Pitt n'hésitait pas.

En même temps, il fut contraint d'accepter une réduction dans les voies et moyens. La taxe des boutiques (*shop tax*) avait été extrêmement impopulaire dès son établissement en 1785. Les marchands de Londres, Westminster et Southwark, qui en payaient à eux seuls les trois quarts, adressaient de nombreuses pétitions à la chambre des communes pour en être délivrés. Fox présentait régulièrement tous les ans une motion d'abolition ; mais jusque-là Pitt avait résisté avec succès, quoique la majorité qui le soutenait ne fût pas aussi forte sur cette question que sur les autres. Au commencement de la session de 1789, Fox renouvela ses attaques ; il fut soutenu par son collègue pour Westminster, lord Townshend, et par les représentants de Southwark et de plusieurs grandes villes qui avaient reçu, à cet effet, un mandat spécial de leurs commettants. En présence de cette manifestation de l'opinion publique, Pitt dut céder. S'il s'était refusé jusqu'alors à la suppression de cette taxe, c'est qu'il avait toujours pensé, dit-il, qu'elle était payée en définitive, non par le marchand, mais par le consommateur ; il reconnaissait cependant que l'expérience n'avait pas été favorable à son opinion. En conséquence, quoiqu'il fût de son devoir de résister à toute réduction de revenu, il jugeait avoir assez fait pour sauver les principes, et cessait d'insister. La taxe des boutiques fut donc abolie à la grande joie de l'opposition.

Cependant le mouvement imprimé aux esprits en Europe par la révolution qui éclatait en France avait gagné l'Angleterre. L'opposition, enhardie par un premier succès, connut de nouveau l'espoir de renverser le ministère ; elle s'anima d'autant plus contre lui, que Pitt prêtait décidément le flanc sous le rapport financier. Quand il présenta son budget, le 10 juin, il fut obligé de convenir qu'il y avait encore déficit. Sans compter les billets de l'échiquier, renouvelés d'année en année, le déficit qu'il avoua était juste d'un million sterling, c'est-à-dire de la somme qui avait été annuellement affectée, sur sa proposition, à l'amortissement. Un emprunt en rentes perpétuelles aurait trop fait ressortir l'inconséquence qu'on lui reprochait d'emprunter d'une main pour amortir de l'autre ; il n'en proposa pas. Il eut recours à un mode d'emprunt, alors plus connu en France qu'en Angleterre, et dont Necker avait fait un grand usage, celui des tontines ou rentes viagères avec bénéfice de survivance. La combinaison qu'il adopta était une imitation de celle des *trente têtes* que Necker avait lui-même empruntée à la Suisse. Sans entrer dans les détails assez compliqués de cette opération financière, il suffira de dire que les termes en avaient été calculés sur les probabilités ordinaires, de la vie humaine ; l'intérêt perçu par les souscripteurs devait croître à mesure des extinctions. C'était toujours un emprunt, mais viager, et qui ne chargeait pas indéfiniment l'avenir du pays.

Ce n'était pas tout. Le roi avait avancé sur sa liste civile, en 1787, une somme de 191,000 livres pour dépenses secrètes en Hollande. Pitt fit entendre que la plus grande partie de cette somme était un prêt fait au stathouder, qui serait remboursé à une époque fixe, mais éloignée. En attendant, il fallait rendre à la liste civile ce qu'elle avait avancé, et il proposa d'y pourvoir au moyen d'un second emprunt remboursable en dix-neuf ans par annuités, assurant qu'à mesure que les annuités seraient payées, elles seraient couvertes par des remboursements égaux de la part de la Hollande. C'était donc en réalité près de 1,200,000 livres sterling qu'il s'agissait d'emprunter encore pour subvenir en pleine paix aux dépenses de l'année. Pitt fit valoir, pour expliquer cette contradiction avec ses assertions précédentes, qu'il y avait eu depuis 1786 beaucoup de dépenses extraordinaires qui ne se représenteraient plus. Ces dépenses, y compris l'indemnité des loyalistes américains, étaient évaluées dans leur ensemble à 1,500,000 livres sterling. En même temps, on avait racheté pour un million sterling par an de la dette nationale, c'est-à-dire en tout pour 100 millions de francs.

De violentes clameurs s'élevèrent contre le budget. Pitt n'en tint aucun compte. Pour payer l'intérêt du nouvel emprunt et remplacer la taxe des boutiques, il proposa une nouvelle série de taxes additionnelles sur les journaux, les assurances, les legs, les cartes à jouer, les dés, les chevaux, les voitures, etc ; le plus, il ne craignit pas de provoquer une nouvelle mesure qui devait augmenter le revenu, mais qui ne pouvait manquer de soulever ne vive résistance. En dépit des répugnances nationales, il avait déjà beaucoup accru le domaine de l'excise en lui soumettant les vins et autres spiritueux ; il proposa de l'accroître encore en y joignant le tabac.

Quand il développa les motifs de sa proposition, il fit remarquer que le tabac était devenu le principal aliment de l -contrebande depuis les règlements qu'on avait faits dans les sessions précédentes pour les thés, les vins et les liqueurs. Le très bas prix de cette denrée, comparé avec le montant des droits, était un encouragement irrésistible au commerce interlope. Plus de la moitié des tabacs consommés dans le royaume entrait en contrebande. Pitt ajouta qu'il ne connaissait que deux moyens d'empêcher cet abus ; le premier était de diminuer tellement les droits qu'on ôtât au contrebandier tout espoir de gain ; le second était de transporter la plus grande partie des droits sur le tabac au régime de l'excise. Le premier moyen lui paraissant trop hasardeux, il préférait le second. Il proposait donc d'établir deux droits sur chaque livre de tabac, l'un de 6 pence perçus par la douane, l'autre de 9 pence perçus par l'excise. L'exemple de ce qui s'était passé pour le vin lui paraissait décisif en faveur de cette mesure. Quand il avait été question de changer l'impôt sur le vin, la barre de la chambre était encombrée de marchands qui assuraient qu'ils ne pourraient faire leur commerce avec de telles restrictions. La chambre n'avait tenu aucun compte de ces plaintes, et elle avait eu raison.

Un soulèvement formidable répondit à cette proposition. La presse éclata en invectives ; les murs de la capitale se couvrirent de placards menaçants. Plusieurs villes de commerce adressèrent au parlement les pétitions d'usage. La Cite de Londres elle-même se laissa gagner, et le conseil municipal fit une démonstration vigoureuse contre le bill. À la chambre des communes, les aldermen se mirent à la tête de la résistance. Dans le sein des comités, d'innombrables amendements furent proposés, quelques-uns même furent accueillis. Toute cette agitation était de part et d'autre hors de proportion avec la question réelle, car il ne s'agissait, même en admettant les calculs de Pitt, que d'une augmentation de revenu de 300,000 livres sterling, et le tabac n'était pas une de ces denrées de première nécessité dont le régime intéressât la masse des consommateurs. Quand on se rappelait avec quelle facilité avaient passé, quelques années auparavant, des propositions semblables pour les thés et les spiritueux, on pouvait s'étonner qu'il y eût en ce moment tant de bruit pour si peu de chose ; mais sous la question financière se cachait la question politique. L'opposition, si souvent battue avait vu enfin l'infaillibilité de Pitt mise en doute par la présentation de son budget, et elle espérait profiter de l'impopularité de l'excise pour achever de l'ébranler.

Aux communes, le débat s'engagea d'abord sur le budget

proprement dit. Sheridan avait beau jeu cette fois, et il n'eut garde de perdre ses avantages. La chambre s'étant formée en comité le 10 juillet pour examiner le rapport de Pitt, le contradicteur habituel du premier ministre en matière de finances prononça un de ses plus éloquents discours. Il accusa Pitt d'avoir trompé la nation en lui dissimulant le véritable état de ses finances pour lui présenter le tableau d'une prospérité illusoire, et s'efforça de prouver les quatre propositions suivantes :

1° Que, pendant les trois dernières années, les dépenses de l'Angleterre avaient excédé ses revenus de 2 millions sterling par an, et qu'il était vraisemblable qu'il en serait de même l'année présente et l'année suivante ;

2° Que les calculs fondés sur les rapports du comité de 1786 s'étaient trouvés en défaut sur tous les points ;

3° Qu'au lieu d'avoir fait aucun progrès dans la réduction de la dette nationale, l'Angleterre était plus endettée qu'auparavant ;

4° Qu'enfin l'état actuel des revenus et des dépenses ne donnait aucune raison d'espérer pour l'avenir une réduction de la dette.

Ces affirmations étaient aussi exagérées dans leur sens que celles de Pitt dans le leur ; mais il y avait assez de vrai pour donner à un esprit aussi fécond et aussi exercé que celui de Sheridan le sujet de développements spécieux. Il n'eut pas de peine à prouver que, quant aux dépenses, le comité les avait réduites outre mesure, ainsi que l'opposition l'avait fait remarquer dans le temps. Au lieu de 14 millions sterling de dépenses annuelles annoncées par le comité, il s'en trouvait une moyenne de plus de 17 dans ces trois années. Pour ne citer qu'un exemple l'artillerie, portée pour 350,000 livres sterling par les commissaires de 1786, en avait absorbé annuellement plus de 600,000. Quant aux recettes, Sheridan était bien forcé de reconnaître qu'elles s'étaient maintenues à peu près au taux annoncé par le comité ; mais, même en admettant qu'elles eussent été, en effet, de 15 millions sterling par an, elles étaient restées de 2 millions au-dessous des dépenses.

Pitt ne put pas répondre lui-même à ce discours ; il était retenu chez lui par un accès de goutte. Ce fut Grenville, secrétaire d'état, qui répondit à Sheridan comme rapporteur du comité de 1786. Il se défendit avec chaleur d'avoir trompé le pays. Les estimations de dépenses présentées par le comité avaient été basées sur un établissement de paix ; de nouveaux besoins avaient rendu de nouvelles dépenses nécessaires, et il ne pensait pas que la chambre dût les regretter, car elles avaient servi à soutenir l'honneur et la puissance de l'Angleterre ; Il était convenable d'ailleurs d'attendre quelques années avant de juger dans son ensemble le plan du comité, et il ne doutait pas que toutes ses assertions ne sortissent victorieuses de l'expérience. Fox répliqua à Grenville avec beaucoup d'énergie ; il alla jusqu'à comparer la situation de l'Angleterre à celle de la France, qu'un déficit financier venait de jeter dans une révolution. « L'exemple de la France, s'écria-t-il, nous avertit qu'il ne faut pas tromper une nation sur l'état de ses ressources. Sachons profiter de cette leçon. En France, le délabrement des finances a été la conséquence du pouvoir absolu, et ce pays se venge sur le pouvoir absolu du délabrement de ses finances ; *c'est le fils trompé d'un père maudit qui veut s'affranchir par un parricide.* Chez nous, le crédit public est né de notre liberté ; prenons garde que notre liberté ne périsse par les abus de notre crédit public. »

Depuis l'avènement de Pitt, son administration n'avait jamais donné lieu à des critiques aussi fondées, et cependant l'immense majorité du pays n'eut pas même l'air d'y prendre garde. Le système financier du premier ministre avait reçu deux graves échecs dans cette session, d'abord la révocation d'une taxe qu'il avait créée et obstinément soutenue, celle des boutiques, ensuite la présentation forcée de deux emprunts, quand il avait annoncé qu'il n'en ferait plus, et qu'il acquitterait au contraire les anciens. Quelques-unes des objections de l'opposition avaient, on peut le dire, le caractère de l'évidence ; dans un pays moins habitué à la discussion publique, on aurait dit généralement que le plan du ministre avait échoué, et qu'il fallait en chercher un autre. Les Anglais comprirent parfaitement qu'il n'en était rien au fond. Sans doute, l'excédent d'un million sterling annoncé par Pitt n'avait été obtenu en apparence depuis trois ans que par des anticipations : en réalité, les recettes ordinaires n'avaient fait que se balancer avec les dépenses ordinaires pendant ces trois années ; mais les recettes publiques, qui ne donnaient en 1783 que 12 millions et demi sterling, avaient donné en 1788, de l'aveu même de Sheridan, 15 millions ; les nouvelles mesures proposées par Pitt et le progrès de la richesse publique devaient accroître le revenu pour l'année suivante, et le porter à bien près de 16 millions ; or, cette somme de 16 millions était suffisante pour couvrir toutes les dépenses, amortissement compris. On était donc bien près du moment où les promesses de Pitt, démenties jusque-là, allaient se réaliser. Sheridan avait aussi quelque raison de dire que la dette s'était plutôt accrue que diminuée depuis 1786 ; mais il aurait fallu dire en même temps, pour être juste, que les nouveaux emprunts avaient pour la plupart été nécessités par des dettes antérieures à l'administration de Pitt, et que les autres étaient justifiés par des dépenses véritablement extraordinaires. Le budget fut voté sans difficulté.

Après le budget vint le tour du bill sur le tabac ; mais les esprits s'étaient calmés dans l'intervalle, un examen plus approfondi de la question avait démontré à tous les hommes de bonne foi l'exagération des premières alarmes : l'ensemble de la situation financière du pays avait été mis sous les yeux du public, et la nécessité d'augmenter encore le revenu avait frappé tout le monde. Les espérances de l'opposition s'étaient évanouies par son échec à propos du budget. On était d'ailleurs arrivé au milieu de l'été, et Londres avait pris la physionomie habituelle de cette capitale à cette époque de l'année Tous les habitants aisés l'avaient quittée pour aller s'établir à la campagne. Beaucoup de membres du parlement en avaient fait autant. A peine pouvait-on trouver dans les deux chambres le nombre de membres suffisant pour former ce qu'on appelait le *quorum*. Les bancs de l'opposition étaient les plus dégarnis, de sorte qu'il ne pouvait y avoir le moindre doute sur le vote final. Il n'y avait, dans la séance du 15 juillet, que 90 membres présents dans la chambre des communes quand la troisième lecture du bill fut votée. 70 voix se prononcèrent pour, et 20 contre. Ce résultat fut précédé d'une discussion assez vive.

Un membre s'étant plaint en ricanant que l'opposition, après avoir fait grand bruit contre le bill, eût déserté la fin du débat, Fox répondit avec une amertume qui prouve à quel point l'ascendant de Pitt était devenu irrésistible. « S'il n'avait pas, dit-il, donné à ses démarches contre le bill plus d'activité, c'est qu'il avait vu dès l'origine combien il était impossible de l'attaquer avec avantage. Le caractère de la nation était si changé, quelles était éprise tout à coup d'une belle passion pour les taxes et les collecteurs de taxes,

notamment pour l'excise, qu'elle avait toujours détestée jusque-là. »
- « Je ne suis pas venu aujourd'hui dans cette chambre, ajouta Fox,
avec l'espoir de faire échouer le bill, mais avec l'intention de dire
une fois tout ce que je pense sur l'excise. Quand l'excise sur le tabac
rapporterait 1 million sterling par an, je m'y opposerais encore.
C'est précisément le succès probable de cette mesure qui m'effraie,
parce que j'y vois l'annonce que, par degré, tout notre commerce
sera livré à l'excise. Or, l'excise est inconciliable avec notre liberté.
L'Angleterre est dans un moment où elle se distingue parmi toutes
les nations par ses lumières et ses richesses. Si les lois de l'excise
devenaient générales' la nation cesserait d'être libre, et elle cesserait
en même temps d'être éclairée et industrieuse. La boutique du
marchand, l'atelier de l'industriel, ne sont-ils pas aussi bien leur
château que la demeure du gentilhomme ? Pourquoi violer cet asile
inviolable du citoyen ? Pourquoi dépouiller ceux qui travaillent du
droit d'être jugés par jurés, quand vous le conservez aux oisifs ? »

Toutes ces belles raisons n'empêchèrent pas, comme on a vu, le
succès du bill. A la chambre des lords, il rencontra une opposition
qui fut bien autrement sensible à Pitt : ce n'était rien moins que
celle d'un membre du cabinet, d'un ministre, du lord chancelier
lui-même, lord Thurloe. Cet étrange adversaire ne se borna pas
des conversations et à des intrigues contre le bill proposé par son
collègue : il poussa les choses jusqu'à prononcer un long et violent
discours, qualifiant les nouvelles attributions données aux officiers
de l'excise de monstrueuses violations des droits des citoyens.
La chambre s'étant formée en comité pour l'examen du bill, il en
combattit successivement toutes les clauses. Il était assisté dans
cette singulière campagne par un des plus intimes confidents du
roi, lord Hawkesbury, ce qui permit à l'opposition de faire courir
le bruit que George III, lassé de son ministre, voulait le perdre
par le moyen du parlement ; mais cette nouvelle guerre échoua
comme l'autre : lord Thurloe fut combattu ouvertement par
d'autres ministres, comme le duc de Richmond, et le bill passa sans
amendement. Le lord chancelier avait un peu trop écouté dans
cette occasion sa jalousie contre le jeune ministre, qui l'éclipsait aux
yeux du parlement et du roi ; il fut bientôt après obligé de sortir du
ministère, et, cette dernière résistance vaincue, Pitt demeura sans
rival : résultat qui fait encore plus d'honneur, s'il est possible, à son

pays qu'à lui-même.

Cette fidélité de la confiance publique était d'autant plus remarquable, que le bill sur le tabac avait réellement de grands défauts. Ces défauts se révélèrent dans la pratique : dès la réunion du parlement pour la session de 1790, les pétitions affluèrent de nouveau. Cette fois, ce n'était plus sur des hypothèses que portaient les réclamations, on se plaignait de l'exécution même du bill. Sheridan triomphant demanda le rappel du bill comme inexécutable ; le rappel fut rejeté à une faible majorité (191 voix contre 147).Pitt s'exécuta ; il fit lui-même à sa loi des modifications considérables qui la rendirent d'une application plus facile. En même temps, il essuyait un autre désagrément : la tontine qu'il avait établie l'année précédente ne réussissait pas ; les souscripteurs étaient peu nombreux, les titres dépréciés ; il fut forcé de demander au parlement des conditions plus favorables, qui lui furent accordées. Enfin, au moment où il espérait ramener les armements aux chiffres posés par le comité de 1786 et réparer ainsi la brèche faite dans ses calculs par les frais extraordinaires de 1787, une nouvelle difficulté diplomatique suscita de nouvelles, dépenses militaires. La guerre faillit s'engager entre l'Angleterre et l'Espagne au sujet de l'établissement de Nootka-Sound sur la côte occidentale de l'Amérique du Nord ; la prétention de l'Angleterre finit par l'emporter sans combat ; mais de nouveaux armements avaient été nécessaires pour soutenir les négociations. L'idéal présenté par le comité de 1786 semblait s'éloigner au moment où l'on se croyait le plus sûr de l'atteindre.

Ce qui aurait pu être pour Pitt l'occasion d'un échec fut pour lui, au contraire, le moyen d'assurer son succès définitif. La nation avait accueilli favorablement, malgré les critiques amères de l'opposition qui y voyait un abaissement de l'Angleterre devant l'Espagne, le traité qui avait mis fin à la querelle pour l'établissement de Nootka-Sound. Il n'était pas douteux que les voies et moyens pour subvenir aux dépenses extraordinaires des armements de 1790 ne fussent votés sans difficulté par le parlement. Pitt profita de cette occasion pour liquider autant que possible, en une seule fois, les déficits accumulés des dernières années. Il évalua à 3,133,000 livres ou près de 80 millions de francs les frais extraordinaires de ces armements. C'était beaucoup pour le temps : les frais extraordinaires de l'armement de 1787 avaient été évalués par Pitt lui-même bien au-dessous le ce chiffre ; aussi est-il permis de croire qu'il y comprit une bonne partie de l'arriéré. Quoi qu'il en soit, toujours soigneux de ménager le crédit public, il voulut combler ce déficit sans emprunt, et voici comment il s'y prit. L'état versait tous les trois mois à la banque les sommes nécessaires au paiement des intérêts de la dette ; un certain nombre de rentiers négligeant de retirer leurs arrérages, il restait tous les ans sur ces versements une somme sans emploi ; l'ensemble de ces excédents s'élevait déjà à 660,000 livres. Pitt proposa d'y prendre un demi-million de livres pour subvenir aux dépenses urgentes ; le reste devait être provisoirement supporté par la dette flottante, et, pour payer l'intérêt de cette dette et en éteindre progressivement le capital, Pitt eut recours à son moyen favori, l'aggravation des taxes.

Il ne proposait pas, cette fois, de créer des taxes nouvelles, mais d'élever momentanément quelques-unes des anciennes, comme celles sur le sucre, les spiritueux anglais et étrangers, le *malt*, etc. Il proposa en même temps de nouveaux moyens de surveillance pour prévenir la fraude sur la taxe des quittances et effets de commerce. Il avait calculé que, par ces ressources, la dette entière qu'il avait avouée serait comblée en quatre ans, capital et intérêts. Il devient presque inutile de dire que ces diverses propositions furent accueillies presque sans modifications, Les années 1790 et 1791 passèrent ainsi sans nouvel emprunt. Grâce au progrès constant des recettes et au maintien de la paix, Pitt put faire servir ces deux années à combler peu à peu tous les vides qui restaient encore dans son budget. L'amortissement, qui avait été jusqu'alors qu'une fiction, commença en 1791 à devenir une réalité : pour maintenir chaque année le million sterling si solennellement affecté par lui au remboursement de la dette, Pitt avait été forcé de créer en cinq ans 5 millions sterling de ressources extraordinaires, indépendamment de l'indemnité des loyalistes américains et des autres dettes arriérées qui avaient été soldées à part ; mais, cette dernière liquidation terminée, il allait se trouver en présence d'un budget décidément en équilibre, amortissement compris. L'Angleterre s'était montrée patiente et confiante autant qu'il avait été lui-même résolu et infatigable, et tous les deux, pays et ministre, allaient recueillir les fruits de cette sage conduite.

Léonce de Lavergne

Section V

En ouvrant, le 31 janvier, la session de 1792, le roi annonça que, l'état général des affaires sur le continent, promettant que la paix ne serait plus troublée, il y avait lieu de réduire les dépenses de l'armée de terre et de mer, ce qui permettrait de supprimer une partie des taxes existantes et d'ajouter une nouvelle somme au fonds d'amortissement. C'était proclamer le succès définitif et complet du système de Pitt ; le résultat poursuivi depuis huit ans avec un si admirable persévérance était enfin atteint. Il prit lui-même la parole quelques jours après pour présenter, selon son habitude, l'exposé général de la situation financière. Jamais il ne s'était plus justement complu dans cet immense inventaire qu'il excellait à tracer des ressources et des besoins de l'Angleterre. Le revenu public dépassait incontestablement désormais 16 millions sterling ou 400 millions de francs, et, sous ce premier rapport, les évaluations du comité de 1786, dont le succès tenait tant au cœur de Pitt, étaient plus que justifiées. Il devait en être de même, ou à peu près, quant à la dépense. Les dépenses militaires, portées provisoirement par les circonstances, dans les années qui avaient suivi 1786, au-delà des prévisions du comité, devaient être désormais réduites de manière à rentrer dans ses chiffres. Avec cette obstination particulière à son pays et qui était un des traits dominants de son propre caractère, Pitt avait voulu réaliser en quelque sorte à la lettre le plan du comité ; le chiffre qu'il présentait en 1792 pour les dépenses de ce qu'on appelait l'établissement de paix ne dépassait que de 350,000 liv. sterling celui que le comité avait fixé en 1786.

Ainsi, en huit ans, le revenu public de l'Angleterre avait été porté de 12 millions et demi sterling à plus de 16 millions et demi, ou de 312 millions de francs à 418 toutes les dettes de la guerre d'Amérique avaient été liquidées, les loyalistes américains indemnisés ; pour la première fois depuis bien des années, les recettes ordinaires de l'état suffisaient à ses dépenses ordinaires et laissaient encore un excédant applicable au remboursement de la dette publique ; l'amortissement était fondé. Pitt prétendit même pouvoir disposer de 400,000 livres sterling de nouvel excédant, qu'il proposa d'ajouter, dès l'année courante, au million annuel de l'amortissement ; il se fit fort de payer sur les recettes ordinaires ce qui restait dû sur les armements de 1790, et fit supprimer immédiatement les taxes additionnelles établies à cet effet. D'autres taxes nouvellement établies, comme celles sur les servants, les charrettes, les chandelles, etc., furent également supprimées. Il promit, si la paix était maintenue, d'en abolir tous les ans quelques autres, tout en augmentant progressivement le fonds d'amortissement. Jamais, dit-il, la situation générale de l'Europe n'avait donné l'espoir plus fondé de quinze ans de paix ; or, cette durée de quinze ans était précisément le temps nécessaire pour porter la dotation de l'amortissement à son maximum ; en 1808, ce fonds devait avoir atteint 4 millions sterling ou 100 millions de francs. Les faits devaient donner, dès l'année suivante, un terrible démenti à ses prévisions, et l'Angleterre, qui se berçait, en 1792, comme son premier ministre, de tous les rêves dorés d'une longue paix, allait au contraire se trouver jetée dans la plus effroyable guerre de l'histoire ; mais, au moment où Pitt parlait, personne n'y croyait.

Un seul point pouvait être contesté dans cet admirable tableau : c'était la réalité de cet excédant nouveau de 400,000 liv. sterl. des recettes sur les dépenses ; mais qu'était-ce qu'une question de 400,000 livres sterling ou 10 millions de francs de plus ou de moins en présence de tant d'autres progrès si brillants et si certains ? Si l'excédent annoncé n'existait pas pour l'armée courante, on comptait qu'il se réaliserait l'année suivante, car Pitt n'avait fait jusqu'alors qu'anticiper d'une année ou deux les résultats qu'il avait annoncés et qui avaient toujours fini par se vérifier. Par un dernier scrupule d'opposition, Sheridan annonça l'intention de contester encore cette affirmation de Pitt et de réclamer la nomination d'un comité pour l'examiner, mais il y renonça : la victoire de Pitt était désormais évidente. Que d'obstacles de tout genre il avait fallu surmonter pour venir là ! que de difficultés et souvent que de mécomptes ! Une opposition pleine des plus beaux talents qui aient illustré la tribune anglaise, Fox, Sheridan, Burke, car Burke était alors de l'opposition, et y portait la même fougue qu'il mit plus tard à combattre ses anciens amis ; la malveillance du lord chancelier, l'hostilité déclarée du prince de Galles, la maladie du roi et la vacance du trône, deux élections générales à traverser, voilà les difficultés politiques. Le crédit public détruit, un déficit toujours renaissant, la nécessité d'établir presque chaque année de nouveaux impôts pour le combler, des habitudes de gaspillage à réformer partout, de grandes économies à réaliser dans les dépenses militaires, une immense contrebande à arrêter, voilà les difficultés financières. Il n'y avait pourtant eu dans l'administration de Pitt aucun de ces changements à vue que recherchent les esprits chimériques ; tous ses résultats avaient été obtenus lentement, péniblement, et son unique secret pour restaurer les finances publiques avait été l'ordre, l'économie, la fidélité aux engagements ; il n'y en a pas d'autres en effet.

Ici s'arrête la première partie de la vie de Pitt, la moitié pacifique de son ministère ; avec l'année 1793 devait commencer pour lui une nouvelle série de devoirs et de travaux. Cette seconde moitié a été plus grande ; plus éclatante elle a laissé mi plus profond souvenir dans la mémoire des hommes, mais elle a été bien moins selon le cœur de Pitt que la première. Il aimait la paix et la richesse que la paix amène ; il fit plus tard la guerre avec une énergie indomptable, il se réconcilia même un peu avec elle, quand il vit qu'elle n'était pas incompatible avec le développement maritime et commercial de son pays, mais au fond il ne l'aima jamais. Tout en cherchant avec une habileté constate à faire tourner au profit de l'Angleterre la conflagration qui dévastait l'Europe, il regrettait le temps où la prospérité nationale coûtait moins d'efforts et de sang ; tout en supportant d'une main ferme cet échafaudage d'emprunts successifs qu'il sut élever avec une audace inouïe, il regrettait l'époque plus heureuse où il avait cru fonder pour toujours l'amortissement national. Nous ne le suivrons pas dans cette seconde carrière où chacun de ses succès est une atteinte à la France de la révolution et de l'empire[1] ; nous avons voulu seulement montrer par quels préliminaires se prépara la colossale puissance financière qui finit par triompher de la révolution française et de Napoléon.

Il est impossible de ne pas faire, devant ces souvenirs, un triste retour sur nous-mêmes. Dans son exposé du budget de 1792, Pitt, avec un juste sentiment de la vérité, attribua la plus grande partie de son succès à la puissance de l'esprit public en Angleterre et à la vitalité

---

1 Le tableau complet de l'administration et de la vie de Pitt a été présenté dans cette *Revue* même par un écrivain très compétent, M. L. de. Viel-castel. Voyez les livraisons des 15 avril 1er mai, 1er et 1 juin 1845.

des institutions nationales. Nous ne pouvons malheureusement pas en dire autant en France. L'administration des finances françaises, de 1830 à 1848, a été non moins remarquable que l'administration de Pitt de 1784 à 1792, et elle a eu une tout autre conclusion. Durant les dix-huit ans de la monarchie de juillet, on a vu aussi ; comme du temps de Pitt, les recettes publiques monter tous les ans, avec cette différence qu'en Angleterre le progrès des recettes : tenait en partie à l'établissement de taxes nouvelles et à l'aggravation des anciennes, tandis qu'en France il était dû tout entier au maintien de la paix, à la conservation de l'ordre public, à la bonne direction des intérêts généraux et à l'active aux intérêts particuliers. La différence du chiffre des deux budgets peut faire un moment illusion à un observateur superficiel mais, quand on se rappelle que l'Angleterre et l'Écosse n'avaient, en 1792, que huit millions d'habitants, tandis que la France, en 1847, en avait trente-six, quand on songe que le véritable produit des impôts s'augmentait en Angleterre des taxes locales, tandis qu'en France tout était porté au budget de l'état, on trouve que la différence, au lieu d'être à l'avantage de l'Angleterre de 1792, est tout à l'avantage de la France de 1847.

Cette supériorité se manifeste surtout par l'état de la dette ; en Angleterre, les intérêts de la dette absorbaient 250 millions sur 500 millions de recettes totales ; en France, les intérêts de la dette absorbaient 210 millions sur 1,400 ; en Angleterre, un fonds d'amortissement de 25 millions était consacré à l'extinction progressive de la dette ; en France, le fonds d'amortissement était de 117 millions. Il est vrai qu'en France, depuis quelques années, l'amortissement n'était plus que nominal, par suite de l'immense extension donnée aux travaux publics ; mais, en Angleterre aussi, l'amortissement n'avait été que nominal depuis sa création en 1786, avec cette différence qu'en France le fonds d'amortissement servait à des dépenses extraordinaires qui pouvaient être considérées comme un placement à gros intérêts, tandis qu'en Angleterre il avait été absorbé par les dépenses ordinaires. Dans l'un et l'autre pays, il allait devenir libre, et pour agir en France avec une puissance près de cinq fois plus forte qu'en Angleterre. Nous avons vu cependant la France s'alarmer, en 1847, sur l'état de ses finances ; et cette inquiétude a été une des causes de la révolution de février, tandis que l'Angleterre, en 1792, était si heureuse et si fière des siennes, que sa confiance en elle-même devint en quelque sorte illimitée. Une situation qui a conduit chez nous à une révolution et, par suite, à une banqueroute sur la dette flottante et à une dépréciation énorme des fonds publics, s'est résolue chez nos voisins par une hausse progressive et par une constitution du crédit public qui a résisté à vingt ans de guerre et à vingt milliards d'emprunt. Quelle différence entre les deux peuples !

Si maintenant l'on compare ce tableau des finances anglaises, de 1784 à 1792, avec l'état des finances françaises pendant la même période, le contraste devient plus pénible encore, s'il est possible ; on trouve d'un côté ordre et richesse, de l'autre désordre et misère. Ce contraste est d'autant plus affligeant, que la France avait précédé l'Angleterre dans la voie de la bonne administration. Arrivé au ministère en 1776, Necker en était déjà sorti en 1781, quand Pitt arriva aux affaires, dans ces cinq années, qui figurent parmi les plus belles de notre histoire nationale, le ministre français avait entrepris et en partie exécuté des améliorations parfaitement analogues à celles que Pitt devait entreprendre plus tard, et il avait le mérite de l'avoir précédé. Jusqu'à Necker, les finances françaises n'avaient été qu'une succession de banqueroutes, car il ne faut pas compter la courte administration de Turgot, qui avait eu toutes les bonnes intentions et qui n'avait pas pu les réaliser. Il s'en fallait de plus de 50 millions, en 1776, que les revenus libres n'égalassent les dépenses ; ce déficit annuel était couvert par des expédients ruineux. La plupart des revenus, consommés par anticipation, ne présentaient que des ressources fictives ; de plus, et cette circonstance rendait la situation de Necker bien plus grave que celle de Pitt, la France s'engageait alors dans la guerre d'Amérique : cette guerre, qui devait doubler en quelques années la dette de l'Angleterre, n'épargnait pas les finances de la France.

Cinq ans après, Necker avait donné tous les exemples que Pitt devait suivre plus tard. Il s'était mis à la poursuite de toutes les dépenses superflues, de tous les gains illicites ; il avait réformé quatre cents charges inutiles dans la maison du roi, supprimé l'abus des *croupes* ou pensions sur les bénéfices. des fermes générales, réparti plus équitablement les impôts, institué des assemblées provinciales pour le maniement des derniers locaux, établi les premiers éléments d'une comptabilité centrale, donné la vie et des statuts à la banque d'escompte Paris, réduit les innombrables droits de péage établis sur les routes et les rivières au profit des propriétaires riverains, préparé l'abolition des douanes intérieures, qui empêchaient tout commerce de province à province, réorganisé les fermes et régies ; et par l'ensemble de ces mesures, non-seulement il avait comblé le déficit annuel de 50 millions, mais il avait obtenu un excédant annuel de recettes sur les dépenses qu'il évaluait à 10 millions.[1] En même temps, il avait emprunté 530 millions, pour les frais de la guerre, et ces emprunts, si considérables pour le temps, avaient été faits, grâce à une série de combinaisons ingénieuses, tout en relevant le crédit public longtemps comprimé par la mauvaise administration de Louis XV.

La réputation de Necker, par suite de ces succès, s'était rapidement répandue dans toute l'Europe. Le roi de Suède avait chargé spectaclement son ambassadeur à Paris de le complimenter. Un ministre anglais le duc de Richmond, lui écrivait en 1779, après avoir fait publiquement dans le parlement l'éloge de son administration : « Il est certain, monsieur, que je suis rempli d'admiration pour vos talents et ressources ; *je serais bien heureux que la seule concurrence entre l'Angleterre et la France fût pour l'imitation de l'exemple que vous donnez*, en rendant le prince et le peuple plus heureux par cette sage économie qui règle les besoins, anéantit le pillage et ne charge le sujet du nécessaire par les voies les moins onéreuses. Vous avez trouvé le moyen d'établir ce système et de l'exercer même en temps de guerre. Je conserve l'édit auquel vous venez de donner lieu (l'édit pour la création de rentes en 1778) comme un instrument précieux de ce que peut produire le génie. » Ces mots, qui révèlent une si noble et si généreuse émulation, font pressentir ce qui devait bientôt arriver en Angleterre sous le ministère de Pitt, dont le duc de Richmond lui-même devait être le collègue ; mais au moment où l'Angleterre allait *imiter*, suivant l'expression du ministre anglais, *l'exemple* que Necker avait donné, Necker cessait de diriger les finances de la France. Dans cette occasion, comme dans beaucoup d'autres, la France avait eu l'initiative du bien, mais elle n'avait pas su persévérer dans la voie qu'elle avait enseignée aux

---

1 Les revenus publics en France étaient, d'après Necker lui-même, en 1781, de 585 millions ; la France comptait alors vingt-quatre millions d'habitants, ce qui donne en moyenne de 24 à 25 francs par tête. Un Anglais payait 50 franc à la même époque, et huit ans plus tard, en 1792, après l'administration de Pitt, plus de 60.

autres.

Après la retraite de Necker, le désordre qu'il avait un moment maîtrisé recommença de plus belle sous l'administration étourdie et présomptueuse de M. de Calonne. Les huit malheureuses années qui s'écoulèrent de 1781 à 1789 suffirent pour défaire tout ce qu'il avait fait. Non-seulement les 10 millions d'excédant annuel qu'il assurait avoir laissés disparurent, mais le fameux déficit de 100 millions se déclara. M. de Calonne fut destitué et exilé ; l'administration inintelligente de son successeur, M. de Brienne, ne fit qu'aggraver le mal. Necker fut rappelé, mais il échoua encore plus vite que la première fois. En 1781, il avait dû se retirer devant les exigences des courtisans ; en 1790, il fut emporté par la révolution. Dans l'un et l'autre cas, ce n'est pas l'homme qui manqua, c'est le point d'appui. Cette force immense que Pitt puisait dans l'adhésion nationale et qui le soutint dans tous ses embarras, Necker ne put jamais s'en prévaloir. A son premier ministère, les abus furent plus forts que lui ; au second, ce fut l'impatience des esprits qui ne lui permit pas de se maintenir. Avant la révolution de février, on aurait pu croire que la France de 1790 avait péché par défaut d'habitude, et que de pareils entraînements ne se reproduiraient pas sous l'empire d'institutions constitutionnelles ; niais on a vu la France de 1848 tomber dans une faute encore plus grande et infiniment moins excusable que celle de 1790. Y a-t-il donc dans le caractère national un vice capital qui rende les meilleurs gouvernements impuissants et faibles, et qui précipite fatalement le pays dans les révolutions ?

Section V

ISBN : 978-1546548553